松浦弥太郎の「男の一流品カタログ」

もくじ

「松浦弥太郎の『男の一流品カタログ』」は、雑誌『ブルータス』784号（2014年9月1日号）の同名の特集をもとに、加筆・再編集しています。

右／仕事の合間や休日の朝に、青山の〈ウエスト〉をよく利用する。インテリア、サービス、メニュー、訪れる客に至り、ウエストのこざっぱりした清潔感が好きだ。トーストハムサンドがいつもの定番。（ウエスト青山ガーデン／東京都港区南青山1−22−10）左／フラッグハリヤードチェアが置かれた部屋。間接照明以外の電化製品を置いていないのは、一人静かに考えるための部屋でもあるからだ。原稿はここで書いている。

一流ってなんだろう。

一流になりたい。
一流品が欲しい。
一流な生き方をしたい。
ずっとそんなふうに一流という言葉に憧れてきた。
今、手を伸ばせば届くところに見えるようになった。
さらっと表面を手の平でなでることくらいはできるかもしれない。
いや、がんばれば、なんとか手にすることができるかもしれない。
しかし、そこにある一流をよく見てみると、
はて、本当に自分がそうなりたいのか、その品が欲しいのか、
そういう生き方をしたいのか、と疑問を持った。
いわゆる世の中的な一流に今の僕は感動ができなかった。
それなら僕は自分が探して見つけた一流を、新しい一流と改めて、
そのために自分の大切な時間を使い、自分が持っているお金を使い、
これからの自分の生き方を考えたいと思った。
一流とは一体なにか、と考えることは、
肩書や地位、品質や値段のことだけではないと気がついた。

――松浦弥太郎

父よりも歳上の「マーティン0-45」。豊潤なその音色は僕に何を教えてくれるのだろうか。ギターはずっと旅の友だった。

松浦弥太郎の「男の一流品カタログ」

僕は一流を探し続けてきた。

Yataro Matsuura

1965年東京都生まれ。文筆家。雑誌『暮しの手帖』編集長を経て、2015年より〈クックパッド〉へ。暮らしや仕事における、楽しさや豊かさ、学びについての執筆や雑誌連載、ラジオ出演、講演会を行う。中目黒のセレクトブックストア〈COW BOOKS〉代表。NHKラジオ第1にて『かれんスタイル』レギュラーとしても活躍中。著書に『100の基本』『くいしんぼう』（弊社刊）ほか多数。

僕はこんな旅をしたり、恋をしてきた。

文と写真　松浦弥太郎

ポケットに突っこんだ手を出して歩こうと思う。旅は終わったんだ。

仕事をしはじめたのは、高校を中退した満で十八歳、それから幾年月を経てもはや三十年になる。これまで一途に続けたと胸を張れる仕事はひとつもなく、職歴を書こうにも忘れてしまうくらいに様々で、その間自分なりにいろいろなことがあった。嬉しいことも悲しいこともあり過ぎる程である。とはいえ、センスがよく、愛情豊かで、生きる術《すべ》に優れた人たちがいつも側にいてくれたことや、自分には有り余るような仕事との出会いには人一倍恵まれていた。そしてもうひとつ。アメリカやフランスといった国の街を旅しながら暮らして見聞したことは、自分の生命力ともいえる原点となった。どうすれば自分を見失わずに生きられるのか。僕はその智恵と方法を、二十代を費やした旅で学んで身につけた。

高校を中退した時、心はすでに外国に向いていた。とにかく遠くへ。自分のことを知らない人のいるところに行きたかった。そうすることでドロップアウトした自分の人生をリセットしたかった。どこかで人生という名のシャツのボタンをかけ間違えた。かけ間違えたボタンを素直に直そうと思う気持ちが持てなくて、これが自分のボタンのかけ方だと意地になった。アメリカに憧れた僕はいつしかケルアックの『路上』を生き方の手本にしていた。間違いを間違いのまま生きていくには、今いる場所から逃げて、まさに『路上』のように、ずっと遠くに行くしかなかった。僕にとっての旅とは、そんなふうに逃げる以外のなにものでもなかった。サンフランシスコ、ニューヨーク、パリと旅した日々は、いつも何かから逃げていて、いつかどこかに自分の安住の地が見つかるはずだと思い込んでいた。しかし一方で、逃げれば逃げるほど、安住の地は遠のいていくことも、僕は心のどこかでわかっていた。ある日、友人から渡され夢中になって読んだヘンリー・ミラーの『北回帰線』。その中に「無人島はない。天国もない……」という文章があったように。

僕は何から逃げていたのだろうか。その理由のひとつであるドロップアウトという自分の過ちを受け入れられるようになったのは、旅をしながら、自分の好奇心で見つけた、様々な国の衣食住にまつわる美しさや、そこで出合ったモノの数々、そして、初めて味わった恋愛がもたらした、人を思う気持ち、分かち合い、許し合う喜びなど、そういう新たな意識が心の薬となって、それまで居座っていた古い自分を穴から押し出すように、いとも簡単に変えていったからだ。

恋の力は大きかった。それまで恋をしたことがなかったわけではないが、一度とことん独りになってから知った、人を好きになることと、人が自分を好きになってくれることが、こんなにあったかくて嬉しいこととは思わなかった。好きな人に好かれるためなら、僕は何でもできると思った。思い返せば、それまでの僕はどちらかというと「好き」よりも「嫌い」が多かった。これからは自分の「好き」を増やしたいと思った。目を大きく開き、耳を傾け、すべての感覚を研ぎ澄まし、想像力を働かせて、仕事や暮らしのすべてから自分なりの「好き」を見つけていく。それが生きるということであると僕は気がついた。見つけた「好き」をもっと「好き」になるように、学び、経験し、触って、自分のことも「好き」になってもらう。

たくさんの人に自分が見つけた「好き」を伝えたくて、今迄遠くへ逃げていた僕は、次第に立ち戻るようになった。ひとつだけ人に自慢できることがある。それは一度「好き」になったものは、何があろうと決して「嫌い」にならないことだ。当たり前のことかもしれないが、この自信は今の自分を強く支えてくれている。

自分の「好き」の中には、特別な「好き」がある。その「好き」と僕は、どんなふうに出合い、どんなふうに付き合ってきたのか。それまでどんなところを旅してきたのか。そうして僕は今、自分自身を「好き」になった。

それを読んでもらいたい。

ライカで撮ったフラットアイアンビル。

フラットアイアンビルの堂々とした美しさに惹かれた僕は毎日のように見に行った。ニューヨーク中で一番好きな建物だった。

シティライツとの出会い。僕は一流をずっと探していた。

ポエトリールームは僕の部屋だった。

〈シティライツ・ブックストア〉の二階にあるポエトリールームが若かりし頃の居場所だった。ここが僕の原点だと言ってもいい。

そうだ僕は消防士になりたかったんだ。

サンフランシスコ空港からバスに乗って、街に向かう途中、けたたましくクラクションを鳴らした消防車が、ものすごいスピードでバスを追い抜いていった。その瞬間、僕はまるで子どものように窓に顔をくっつけて消防車を見た。一人の消防士が何か大声で叫んでいた。「急いでいるんだ。どきやがれ」。そう言っているように見えた。彼の隣にいたもう一人はダルメシアン犬を抱いて、前を真っ直ぐに向いていた。消防犬だろうか。ピカピカに輝く消防車が走り去っていくのを見つめた僕は、自分の心の奥底からとても熱い何かが湧いてくるのを感じていた。それは忘れかけていた子どもの頃からずっと思い続けていた自分の夢だった。

ホテルの予約はしていなかった。行けばなんとかなるし、なんとかするのが旅だと、たかをくくっていた。英語が話せないから「ホテル、ホテル」と歩いている人に聞いて、指差してもらった方へ歩き、安そうなホテルを探しまわった。一泊八ドルシャワーなしの〈Verona Hotel〉にチェックインし、荷を解いた。四階だった部屋の窓を開けると、安心したのか僕はベッドに倒れこむようにして寝入ってしまった。目が覚めると夜中だった。たくさんの蝿が部屋中を飛び回っていた。そこはテンダーロインという最も治安の悪いエリアだった。パトカーのサイレン、ガラスや瓶の割れる音。ラジカセから流れる大音量の音楽。僕にとっての最初のアメリカは、テンダーロインだった。

坂の多いサンフランシスコ。僕は一日一エリアを歩くと決めて、町の文化とそこにある暮らしを学ぼうと思った。チャイナタウン近くのノースビーチという町との出合いは僕の人生を変えるものになった。サンフランシスコは文学の町と言われていて本屋が多かった。

僕は毎朝ドーナツをひとつ食べた。

僕は〈Verona Hotel〉に住んでいた。ロビーに置かれたピアノがテーブル代わりだった。

特にノースビーチには、古本屋と新刊本屋が合わせて十軒以上あり、中でも〈シティライツ・ブックストア〉は、詩人のファーリンゲッティが店主の、ビート文学の聖地と呼ばれる有名な本屋だった。

サンフランシスコの本屋をめぐっていて気がついたことがあった。それは本屋が本を売るだけの場所ではなく、人と人のコミュニティの場であり、町やエリアの文化や、個人の表現を発信するキーステーションとしての役割を果たしていたことだ。どこの本屋にも必ずソファや椅子が置いてあり、客はそこで自由に本を片手にくつろぐことができた。それがサンフランシスコの書店カルチャーとして歴史を作っていた。店主の思想や専門が、本のセレクトに表れていて、本屋が十軒あれば、十軒すべてがまったく違うのも発見だった。

サンフランシスコの本屋が僕に与えてくれたものは大きかった。それぞれの個人のやり方を、それぞれの個人が理解し、それぞれなりに共有し、それぞれが愛するという、店と客の一対一の関係がすてきに思えた。

〈シティライツ・ブックストア〉の二階には「ポエトリールーム」という詩集だけを並べた部屋がある。ある日、その部屋へと階段を上がっていくと、部屋いっぱいに午後のやわらかい日差しが差し込んでいて、女性が窓辺に座って一冊の本を静かに読んでいた。僕は今でも、その一枚の絵画のような美しい光景が忘れられない。時が止まっているようにも感じ、僕はその場に立ちすくんだ。その光景は僕が理想とする本屋の原風景となった。僕の心に「本屋」という「好き」の種が、確かに埋め込まれた瞬間だった。いつかこんな本屋を自分でも作りたいという夢が生まれた。

次の日から僕は、電話帳をガイドブックに、一ドルの本を売る古本屋から、一万ドルの本を扱うギャラリーまで、サンフランシスコにある本屋という本屋のすべてを見て歩いた。

僕は本屋に行くと必ずこう質問をした。「この店で一番高価な本は何ですか？」と。するると店主は皆、喜んでその本を見せてくれて、これでもかという位にその本の魅力と素晴らしさを語り、価値を説明してくれ、高価な本がなぜ高価なのかを、それぞれの言葉で答えてくれた。その答えを一言で表すとこうだ。「手で作られたもの」「数が少ないもの」「今では作れないクオリティがあるもの」「特別なストーリーがあるもの」のどれかが備わり、一万ドル以上の本には、「強い人格があるもの」が加わる。僕はサンフランシスコ中の本屋の店主から学び取ったこのキーワードを胸に刻んで、それからの見るもの、聴くもの、読むもの、触れるものなどの、すべての着眼とするようになった。〈シティライツ・ブックストア〉のファーリンゲッティ氏にも同じ質問をした。氏は迷うこと無くこう言った。「それは『美しいもの』という『一流』だからだよ」。僕は大砲で胸を撃ちぬかれた。サンフランシスコで僕は、高価なものを、高級なものと言わずに「美しいもの」と言った大人に初めて出会った。サンフランシスコは僕に夢を思い出させ、情熱と希望を与えてくれた旅先だった。

それからというもの、僕は本屋という「好き」を手の中に握りしめて、ニューヨークやパリ、ロンドンへと旅をした。どこへ行ってもまずは最初に本屋を見つけ、そこで情報収集し、友人を作り、ついでに居心地のよいカフェを一軒見つけ、通い詰めることを覚えた。旅の手がかりはすべて一軒の本屋からというのが僕の流儀になった。そして、本屋という「好き」を入り口にして、衣食住や趣味、アートや建築、工芸、ファッションなどを、例のキーワードで切り込んでいくことも、自分なりのスタイルになり、そうやって僕は、「美しいもの」という「一流」をいつも探しながら学ぶようになった。

ニューヨークで一番好きな本屋は、エドワード・ゴーリーの版権を持っていた今は無き老舗書店〈ゴッサム・ブックマート〉だ。店主のブラウンさんから僕は「本屋を開くなら、『豊かさとは何かと自分に問う本』を選んで扱うと良いでしょう」と教わった。〈ストランド書店〉のフレッドさんからは「本屋は家賃を払うのが大変だから、まずはビルを買いなさい」と言われ、思わず大笑いしてしまった。パリに行くと立ち寄るのが〈シェイクスピア・アンド・カンパニー書店〉だ。この本屋は〈シティライツ・ブックストア〉とパートナーシップを結んでいて、作家を志望する者なら働くことを条件に寝泊まりさせてくれる本屋としても知られている。どの本屋の店主も皆「一流」だった。

バークレーにはいつも朝早く着いた。

僕たちはシャタック通りのサンドイッチ屋で
サンドイッチをお腹一杯食べた。

読書する人の姿はほんとうに美しい。

僕は人が読書している姿が大好きだ。だから、
自由に人が本を読める本屋を理想とした。

本屋を作る時、この本棚をモデルにした。

シェイクスピア書店の外に置かれた本棚を参
考にして、僕はカウブックスの本棚を作った。

美しさとおいしさは心のあらわれ。

心がよろこぶおいしさとは〈ハウス オブ フレーバーズ〉のチーズケーキの味のこと。

そろそろ一流の暮らしやセンスを身につけようと思うんだ。

あの頃、僕にとっての「一流」とは「本物」だった。生まれてはじめて本物を手にしたのは、小学五年の時だ。中野区に暮らしていた僕は、若宮リトルリーグに入団し、硬式野球に励んだ。入団に際して、僕は硬式用グローブを母にねだった。神保町の〈美津濃スポーツ〉を訪れ、プロ野球選手用の「ワールドウィン」を選んだ。モデルは内野手用で、巨人軍の土井正三が使っているのと同じだった。頑として他のモデルに目もくれない僕を見る店員の白黒した目を覚えている。はじめて硬式用グローブの固い革に手を入れた時、これが本物かと思って顔が熱くなった。グローブの種類や値段に無知な母は、僕に言われるままにお金を払ってくれた。値段は確か四万八千円だった。小学五年の少年が土井選手と同じグローブを使っていたのは、今思えば可笑しいことだが、当時の僕の価値観には本物とそれ以外しか無かった。グローブに関して言えば、テレビで観たプロ野球選手が使っているものが本物だと見抜いていた。手に入れるなら本物しか欲しくはなかった。本物が何か。僕はそればかりを考えていた。

ある日、父がアメリカ軍の放出品のチノパンを買いに行くのに同行して本物を売っている町を見つけた。アメ横である。御徒町からの道順を忘れないように必死に覚えて、次の日曜日に一人で探検をした。〈中田商店〉で血のついたアーミージャケットやワッペンの付いたMA-1を見て、これこそ本物だと心を震わせた。小学六年の時のお年玉はすべて中田商店に呑み込まれた。ぶかぶかだったが本物のMA-1は宝ものになった。不時着した時は、裏返しに着て救援を待つから、裏地が鮮やかなオレンジ色だと教えてもらうと、自分がパイロットになった様に思えた。鼻をつけるとアメリカの匂いがぷんぷんした。その時から僕の一流は「本物」から「アメリカ」になった。古着のリーバイス501を買って母に叱られたのもその頃だった。

そんなふうに子どもの頃から僕は、その時々の自分の一流をいつも探していた。そのうち僕は、アンティーク屋や骨董品屋に行けば、「当時のもの」という本物がたくさんあることを知った。知らない町を歩いて、気になった店という店に、とにかく入ってみるという好奇心を持っていたから、アンティーク屋や骨董品屋だけでなく、それ以外の子どもを相手にしない大人の店の面白さを知るのにも時間はかからなかった。

年をとるほどに行動範囲も広がり、僕の一流探しはエスカレートした。そんな僕がアメリカを口切りに、海外の町々を歩くようになったのだから一流探しにはさらに磨きがかかっていった。いろいろな種類の一流があることも海外で学んだ。デニムの一流は「五十年代以前」であり、その魅力は人の手で作られた粗さと風合いであり、どんなものにも「ゴールデン・エイジ（黄金期）」と呼ばれる時代があることも知った。

器、家具、道具、雑貨など、そんなふうにして世界中で出合った一流が、今自分の部屋にはポツンポツンと置かれている。それらはよく吟味されて残った一流ばかりだ。一流しか欲しくないという気持ちは子どもの頃から何ひとつ変わっていない。変化したのは、自分なりに集めた一流から、一流である故を学ぶことで、自分の暮らしや、その暮らしを培うセンスを、もっと豊かにしていくために役立てたいと思っていることだ。

ホルトハウス房子さんの〈ハウス オブ フレーバーズ〉のチーズケーキは、今、僕が思う一流の基準のひとつである。このチーズケーキのクオリティと、同じクラスの暮らしとは、どんな暮らしなのだろうか。

そろそろ一流の暮らしやセンスを身につけたい。そのために僕は、何を見て、何に触れ、何を学ぶべきだろうか。母に買ってもらったグローブの手入れをしながら、そんなことを考えている。

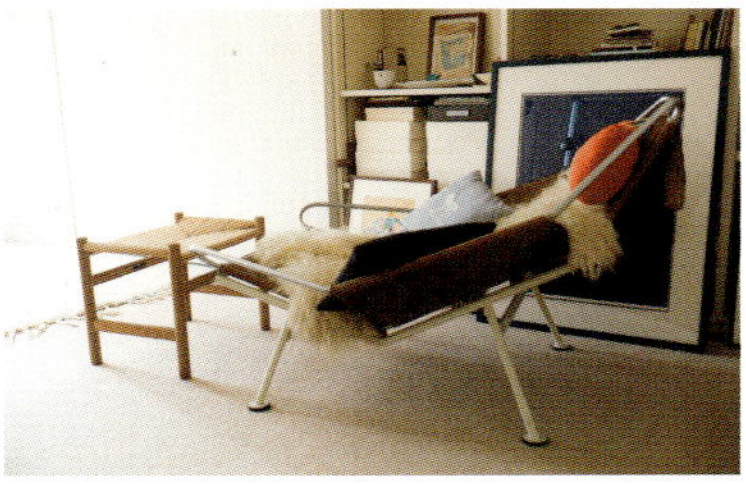

彼らは僕よりもおしゃべりかもしれない。

僕の好きなものは、使ったり、味わうことで、楽しく対話ができるもの。そういう友だちみたいなもの。

四十歳の時、『暮しの手帖』の編集長に就いた。あっという間に八年が経った。八年の間に何をしてきたのかと訊《き》かれると答えに詰まる。こうしたい、ああしたいはあるにはあるが、それができたかというとむつかしい。ひとつ言うならば、日々初心に帰って、その日の自分のすべてを精一杯出し切って仕事をしてきた。

規則正しい生活をし、健康を心がけ、お金が喜ぶお金の使い方を考え、よく働き、よく食べ、よく笑い、よく学び、よく感謝し、よく寝る毎日を、ひたすら淡々と続けている。いい意味でも悪い意味でも、いつも汗をかいている。かっこよくスマートに仕事をするなんて僕にはできない。それでいい。毎朝、言い聞かせるのは、今日も限りなく素直でいようということだ。

『暮しの手帖』は、日々の暮らしの中に生まれる小さな気付き、ささやかな工夫や発案、知恵と方法を、読者と分かち合い、暮らしを豊かに、美しく、楽しくするための生活実用雑誌である。

『暮しの手帖』を作る上で、八年かけて自分なりの方法論というか、覚書のようなものを作った。いや、作ったというよりも、自然とできた。それは、毎日読んで、毎日更新しているので日々成長させていくようなものだ。決して正しい答えではない。今何をしたいのか、するべきか、考えるべきか、という方法のリストである。89項目もある。その中のいくつかをここに書いてみたい。

「おいしい幕の内弁当」。これは雑誌一冊をお弁当と考えてみたことだ。栄養のある小さなおかずが、たくさんの種類入っている幕の内弁当のような一冊を作りたい。もちろん、見た目や量のバランスをよく考える。読者が今日食べたい幕の内弁当は、どんなお弁当なのかを毎日考えている。自分を疑いながら毎日考えるというのがポイントである。

「みんながよく知っていることだけを」。特集のテーマは日本中のどんな世代の人でもよく知っていること、親しみのあることだけを取り上げる。誰も知らないような新しいことは、それがどんなにすてきで、おいしい料理であっても扱わない。子どもから大人まで知っていることを深く深く掘り下げたい。掘り下げればきっと「新しさ」という泉が湧くと信じている。遠くより近くを、今、目の前のことに光を当てたい。読者のために。

「普段、隠れて見えないところがよく見えるものとして」。人が知りたいことは見えないものであろう。今、見たいけれど見えないものは何かをいつも考える。人が大勢いる場所に行き、そこにいる全員が今見たいものは何かと想像力を働かせて考えてみる。実際に顔を見るとわかることが多い。本当だ。

「まるごと一冊紙芝居」。言葉の通り、最初から最後まで紙芝居と考えて作る。早く次をめくってほしいと思ってもらえるようなページ作りとはどういうページ作りか。『暮しの手帖』は、およそ百八十ページあるので、飽きないように、まずは美しく、そして面白くありたい。見るだけでも感動し、楽しめなければいけない。「はじめ」と「まんなか」と「おわり」をはっきりと表現する。

「やさしい声と言葉で話しかけるような文章」。その先に必ず大好きな人がいると思って仕事をしている。だからこそ、文章は文字ではなく、耳や心にやさしく届く声でありたい。頭ではなく心を使って文章を書くように。『暮しの手帖』は年に六冊であるから、大切な人への一年に六通の手紙と考えている。

「当たり前のことを確かめる」。すでに知っていることを何度でも確かめるのは大事である。確かめるたびに新しい発見が必ずあるからだ。今更、人に聞けないことや、知ってそうで知らないことは意外と多い。日々の暮らしとは、些細なことでもいちいち確かめて納得する喜びで支えられている。ていねいに、一つひとつ味わうように確かめる。

「面倒くさいはおもしろく」。かんたんなことは便利だけど、おもしろさはない。面倒くさいことの中にほんとうのおもしろさが眠っているという気付き。どんなことでもおもしろがる。いわば、何でも楽しむ心持ちを分かち合いたい。ちょっと困ってみるのは学びのコツでもある。できたときの自信も大きい。

「暮しの手帖の仕事」と書いたお守りにしているメモがあるので書き写してみる。

「おもしろくて、役に立つ雑誌や本はいくらでもある。おもしろくて役に立つだけではなく、人の心を満たす、人の心をあたたかくする、人の心に話しかけるような、人への感謝の気持ちをあらわした雑誌と本をつくる。身なりを清潔に、正直、親切、笑顔で仕事をする。一番厳しい目を持った一読者であれ」。

僕は社会の歯車でありたい。工夫と発見、勇気という磨き粉で磨いた、一流の歯車として、いのちを燃やして働き続ける。

今日もていねいに。

『暮しの手帖』が教えてくれたこと。

朝七時に出勤していた。

仕事は毎日、最も集中力が発揮できる午前中の五時間が勝負。午後は力を抜いてのんびりする。五時半には仕事を必ず終えていた。

自分に立ち返る場所がここにある。

サンフランシスコの街を見渡せるコイトタワーの展望台。この景色を見ると泣いてしまう。ある時ここに自分のすべてがあったからだ。

「新しい一流」とは何か。そこから学ぶことは何か。

「一流」への最初の一歩はやせがまんである。もしくは背伸びとも言えるだろう。一流の生き方とはそういう覚悟だ。暑かろうと寒かろうと、お腹が空こうと、疲れようと、眠かろうと、平気で涼しい顔をするやせがまん。予想以上の出費があろうと、アクシデントがあろうと、慌てず文句を言わずに対応するやせがまん。欲しいものは後先考えずに無理してでも買うやせがまん。特に女性の前では、何があろうと弱音を吐かない男の愚かなやせがまん。やせがまんはある時代、キザと呼ばれたことかもしれない。場合によってはクールとかエレガンスとも。すべてにおいて自然体志向の今、やせがまんは時代錯誤な観念とも言われそうだが、僕はそう思わない。

　やせがまんとは自分の身をざくざくと削ることで、リスクを負うことである。毎日やせがまんをすれば、負荷のかかった自分の身は細々となるが、リスクを負荷と考えれば、身は鍛えられ、次のステップのチャンスが生まれる。失敗も負荷のひとつであるから長い目で見ればちからになる。もうこれでいい。今のままでいい。生きていければそれ以外は何もいらない。それは言葉を変えれば、頑張りたくない。成長したくない。もっと言えば、リスクを負いたくないし、失敗もしたくないから成功もいらないという弱さでなかろうか。僕であれば、僕なりのやせがまんや背伸びがある。石油王であれば、石油王なりのやせがまんや背伸びがある。やせがまんの質量は違っても、今日と明日が同じであることを良しとせず、今日よりも明日を少しでもよくしたいという意識を持ち続ける。特筆したいのは、やせがまんは、経験という宝ものをもたらしてくれることだ。そして、経験こそが一流の種子である。経験豊富というのは一流の絶対条件であり、最低と最高の両方を経験した人こそ一流という花を咲かす。とにかく最初は、やせがまんという、一流の一歩を踏み出せばいい。今日のやせがまんは、いつしかなんてことのない当たり前になる。そうしたら、また新しいやせがまんをすればいい。歩みを止めず、その繰り返しで自分自身を開拓していく。男なら死ぬまでやせがまんしたい。逃げない、賢くならない、あきらめない、ということである。

　一流品の話をしよう。一流品とはどんなものだろうか。

　一流品とは、人がいのちを注いで作ったもの。謙虚なたたずまいの中に、静かな美しさがあり、未熟と成熟が同居する、愛嬌のある人格を備え、媚びない凛とした姿勢を持ちながら、いつもあたたかくてやわらかな笑顔を絶やさない、天涯孤独を受け入れたような、人へのやさしさを感じさせるものである。

　ものの表現をしたつもりであるけれど、どうしても人間のことを思い浮かべてしまう。人に例えるなら、少なくとも優等生タイプではなく、自由奔放で、良いところとそうでないところを持った、ヘンだけど真面目ですてきな人である。一流品であるということは、それはたった一本の鉛筆であっても、とびきり魅力的な人間味に溢れたものであるということだ。もしくは、人が憧憬や陶酔、愛慕の目で見つめた宝ものである。だからこそ人は一流品に、心を奪われ、人生を賭けながらも、一緒に暮らすには相応の人間力を求められる。

　一流品と僕は、こんなふうに付き合い、こんなことを学んでいる。僕は自分の目を頼りに、まだ誰も気付いていない「新しい一流」をずっと探してきたし、今日も探している。そのためにはできるだけ先入観を手放し、人が捨てたものであっても素直な心で向き合ってきた。目を養うには、とにかくたくさんのものを見て、触って、使ってみるしかない。料理人の腕が舌の記憶の確かさであるように、一流品を見つけるには、自分の目の記憶を重ねるしかない。目とは飽くなき観察者の瞳であり、知りたいという好奇心である。僕はいつもどんなものでも観察している。見て、見て、見尽くしている。

　これぞと思うものは手に入れ、一緒に暮らして使ってみる。見ただけでわからないものは買うしかないのだ。買えば、買った者の特権として、その値段の理由なり価値が絶対にわかる時が来る。わかるというのは発見であり学びである。場合によってはその発見で一生困ることなく暮らせるかもしれない。何かを学びたければお金を惜しまないというのが流儀である。だから、お金はすべて経験という学びに代えて、心の中の確かな記憶として貯めていく。銀行預金はないが記憶貯金はいっぱいある。記憶貯金は、あるとき何十倍にもなるから面白いし、自分を助けてくれる底ぢからになる。

　「新しい一流」には新しい物語がたっぷりと隠れている。一流品とは、一生かけても読みたい一冊の本のようでもある。歯が立たないから実に口惜しい。僕はやせがまんしてでも手に入れ読破したい。いや、読破する。

とっておきの万年筆で「一流品」と書いた。

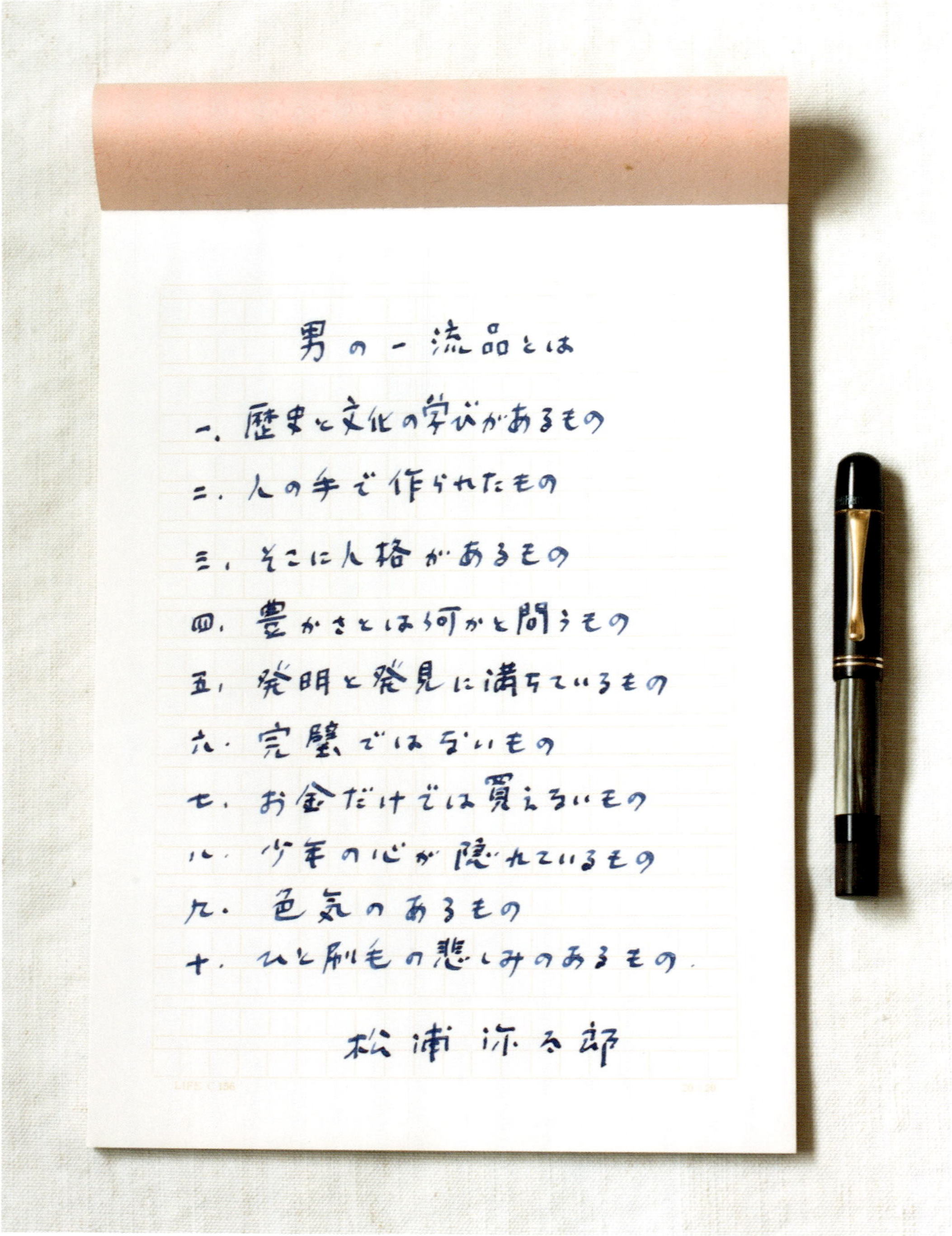

僕の大切な10ヵ条。

書き出したら、ぴったり10ヵ条になった。十の「ひと刷毛の悲しみのあるもの」は、尊敬する編集者の末盛千枝子さんから授かった。

僕の一流品カタログ。

100 Treasures of Yataro Matsuura

文・松浦弥太郎

愛する「一流品」を100点選んだ。一流品には、学び、あこがれ、驚き、夢、ロマンが満ち、自由で破天荒、色気と愛嬌があった。そしてまた、いい面構えがあった。そんな彼らの「一流」たる所以《ゆえん》の話をしよう。

01 1954年製「メルセデスW196」

倉庫に30年以上放置されていたというから驚いた。1954年のF1世界選手権でファン・マヌエル・ファンジオが運転したメルセデスW196である。ファンジオはこのマシンを駆って２度目の世界王者のタイトルを獲得した。このマシンはイギリスのオークションに出品され、1,960万ポンド（当時のレートで29億3,300万円）で落札された。落札金額は史上最高記録となった。メルセデスのレーシングカーは、1934年に生まれたW25から、すべてシルバーのボディカラーに統一され「シルバーアロー」と呼ばれている。「歴史上、最も美しいレーシングカー」とファンジオが言葉を残しているように、レーシングドライバーにとって憧れの一台として語り継がれている。ボッシュ製燃料噴射装置、デスモドロミック・バルブ（その後ドゥカッティ・エンジンに引き継がれた）など、当時の最新技術が導入され、12戦９勝、最高時速290キロを誇った伝説の最速マシンである。コックピットに乗り込むと、胸から上がボディの外に出る。ロールバーは無いので命がけの運転である。大きな木製ステアリングの操作性は良く、オープンホイールは車重が軽い為、カーブの多いコースでは無敵だった。レーシングカーと言うと、僕はいつもメルセデスW196が思い浮かぶ。オークション落札者は明かされていない。どこかのガレージに眠っていると思うとそれだけで夢が膨らむ。いつか出合えるかもしれないからだ。ステアリングを握ってみたい。

02 ハンス・ウェグナーのフラッグハリヤードチェア

フラッグハリヤードチェアは、1950年代のオリジナルを、コレクターから譲ってもらった。オレンジ色のピローと、毛足の長いムートンも、とても希少な当時のもので、座面のロープは少しもくたびれてはいなかった。小さめのクッションを両脇にはさんで、ブランケットをかけて座ると、あまりの心地良さで4、5時間はくつろげる。今この原稿も、カーテンを下ろし、少し暗くした部屋の中で、フラッグハリヤードチェアとオットマンに身体をゆだねながら書いている。フラッグハリヤードチェアはウェグナーが初めて作ったスチール製の椅子である。彼はこの椅子の大量生産は考えてなかった。そのため当時のフレームは、スチールパイプの溶接や組み立てが可能な自転車屋に製作を依頼し、一つひとつ手作業で製作が行われた。フレームの塗装も職人によるハンドペイントによるものだ。誕生秘話が面白い。夏のある日、家族とビーチを訪れたウェグナーは、持ち前の遊び心で寝椅子のかたちに砂を掘ってみた。出来上がったそこに自分の身体を寝かせてみると驚く程に心地がよかった。彼はあわてて家に帰り、紙とペンとメジャーを持ってきて、砂で作った椅子の寸法を細かく測って図面に起こした。こうして名作と呼ばれるフラッグハリヤードチェアが生まれた。優れているのは、座面が広いのでベッドのようにくつろげること。少し狭い思いはするけれど、2人で座ることも出来ることだ。フラッグハリヤードチェアはどの方向から見ても美しい椅子である。

03 〈マスミ工房〉のペルシャ絨毯

　ペルシャ絨毯を収集している叔父さんに「ペルシャ絨毯が買いたいけれど、どれがよいかわからない」と言うと、「ペルシャはお前にはまだ早い。サンクトペテルブルクの〈エルミタージュ美術館〉のパジリク絨毯を一度見てくればいい。シベリアの凍った墓の中から発見された世界最古2,500年前の絨毯だよ。馬に乗った人の模様と、鮮やかに残っている赤がきれいなんだ」と言った。エルミタージュ美術館に行くきっかけができたと思った。「叔父さんは実物を見たの？」と聞くと、「もちろん見てる。もうひとつ教えてやる。ロンドンの〈ヴィクトリア＆アルバート美術館〉のアルデビル絨毯も見るといい。この２枚は見るべき絨毯だ。そうすれば絨毯の本物がわかるようになる」と叔父さんは言った。ペルシャ絨毯のことがもっと知りたくなった。ペルシャ絨毯は財産として代々受け継がれるもの。それなら勉強も兼ねて一枚いいものを選んでみようか。悩んだ末、イランのクムにあるマスミ工房のペルシャ絨毯に出合った。手触りはまるで生まれたばかりの子犬のようになめらかで、見る向きによって変化する色柄の光沢は躍動感に溢れていて七色に輝く。クム本来のペルシャ結びによる精密な手仕事が発揮された世界最高クラスである。今まで触ってきたペルシャ絨毯は一体何だったのかとショックを受けた。ペルシャ絨毯の世界は奥深い。だからこそたくさんの学びがある。「産地偽装に気をつけよ」と叔父さんは言った。「はい」と答えた。

04 魯山人の「蟹絵マル平向」

北大路魯山人という人物が好きか嫌いかと言うと好きである。20歳の頃『春夏秋冬料理王国』を読み、魯山人にどれだけ頭を叩かれたかわからない。おかげで目が覚めることがたくさんあった。魯山人といえば織部である。昭和30年、織部焼の技法により、人間国宝の認定を、文部技官の小山富士夫から打診されたが、断固として拒否したことは有名な話だ。翌年も小山富士夫により推薦されたが魯山人は「勘弁してくれ」と断った。魯山人の織部は、桃山の織部の模倣ではなく、あくまでも魯山人の織部であった。だからこそ蟹絵マル平向《ひらむこう》は魯山人の代表作と言われている。昭和34年、東京国立近代美術館で開催された『現代日本の陶芸』に出品するために魯山人は蟹絵マル平向を35枚窯出しした。魯山人は、この平向を、いわゆる木製の叩き板を使わずに、鞍馬《くらま》石でバチンバチンと叩きながら延ばし、鞍馬石の特徴的な肌を利用して形を作り上げた。手に持つとずっしりと重く、指ではさむと厚みはどれもばらばらであるが、色といい、肌といい、形といい、なんとも力強く美しい均整を保っている。いやなところがひとつも見つからないのが口惜しいくらいだ。鉄絵で写生画のように描かれた蟹は生き生きとそして可愛らしくうごめいている。まさに魯山人ならではの独創性が発揮された織部として蟹絵マル平向は完成している。贅沢にも僕は2度蟹絵マル平向を手に持つ機会を得た。おかげで僕の美意識は粉々になってしまった。

05

〈J.M. WESTON〉のウイングチップ

アパレル会社への就職が決まった友人の女性から相談を受けた。会社にどんな服を着ていったらよいかと悩んでいた。最初はトラッドなアイテムを着るといい。たとえば、ジョン・スメドレーとかマーガレット・ハウエルなどのコーディネート。靴はJ.M. WESTONのローファーを背伸びして一足買うといいと答えた。友人は素直に言われた通りにコーディネートし出勤を始めた。その後、日々の服装がよく褒められると聞き、ほっと胸を撫で下ろした。一番褒められるのはローファーだと言う。「服はどこのを着ているかわからなくても靴は一目でわかるからね」。僕もJ.M. WESTONのウイングチップを履いているとよく人に褒められる。上質な靴を履くと魔法がかかる。姿勢も良くなり、歩き方が美しくなり、所作がエレガントになる。

06

逆さのジェニー

切手マニアにとってエラー切手は大スターである。1859年にシチリア王国で発行された、国王フェルディナンド２世を描いた切手は、通常オレンジで印刷されたものだが、工程ミスでブルーで印刷されたものがごくわずかに流通した。その一枚がオークションで１億7,200万円で落札された。スウェーデンで発行されたエラー切手は一枚が２億以上で落札されたともいう。さらに有名なのは「Inverted Jenny」（逆さのジェニー）だ。複葉機の絵が逆さに印刷された24セント切手である。未使用の４枚つづりが、ニューヨークのオークションに出品された時は、未使用切手における最高金額の３億1,000万円で落札された。複葉機が逆さに飛んでいるというシュールな絵がなんとも魅力的である。100枚印刷された内の４枚の所在が不明らしい。

07

〈ナグラ〉PL-L、CDC、VPS

ナグラは、スイスの音響機器メーカー〈クデルスキー社〉が設立したブランドである。オープンリール時代には映画の録音はほとんどナグラが使用されていた。現在は真空管パワーアンプやCDCも製造し、繊細なすべての音のディテールを克明に再現し、世界中のオーディオ愛好家から高い評価を得ている。オーディオは音も大切だが、デザインや機能性も重視したい。理想は、小さくてコンパクト、美しいフロントパネル、スイッチやノブの操作性が高いこと。ナグラはその全てがパーフェクトである。アルミインゴットを切削して作られたシャーシーやパーツ選定など、創業の1951年より頑固なクラフトマンシップが受け継がれている。PL-L、CDC、VPSのシステムは、家庭用オーディオの最高級と言えよう。

08

〈スミス〉のダッシュボードウォッチ

クラクションの音はどれも同じで、ギアシフトの必要もなく、パワーステアリングで、ふかふかのシートの車には運転の楽しみはない。車の運転とは、機械や道路と親しむこと、そして速く走ることだと、ジェームズ・ボンドが『死ぬのは奴らだ』の中で語っているのを読んで同感した。スミスのダッシュボードウォッチは、裏がマグネットになっている。運転時にダッシュボードの鉄部分にカチッとはめて、普段は懐中時計として使える。文字盤の見やすさもありイギリスのクラシックカー好きのスタンダードとして知られている。イギリス製のムーブメントにこだわった質実剛健な時計メーカーのスミスである。手巻きリューズが下にあるのは、運転時に邪魔にならない配慮で、あくまでも道具としての時計の姿に惚れ込んでいる。

09

ジョージ・ナカシマのアームチェア

ペンシルバニア州ニューホープのジョージ・ナカシマ工房は、ナザレスのマーティンギターの製材所を使用していた。上質な木材を追求する精神のつながりで、両社は木材の知識を深め合う、親しい関係であったと聞いた。しかもマーティンギターは、ジョージ・ナカシマの長年の功績を讃え、ジョージ・ナカシマ記念モデルを製作している。ここでまた自分の好きなふたつがつながっていたことに感動する。僕はどんな家具を買ったら良いかと相談を受けると、ジョージ・ナカシマをすすめている。〈桜製作所〉が継承している手仕事の技と審美眼は確かで日本の誇りに思う。家具は使うほどに価値が増すというジョージ・ナカシマ本人の言葉は本当にそう思うし、家具はそういう考えで選びたい。十数年、毎日使っている椅子が僕にそう語りかけてくる。

10

辻静雄の『フランス料理研究』

一流の人は誰かと考え、一番先にぱっと思いつく名前が辻静雄だ。フランス料理に捧げた情熱と、そのための限りない努力と忍耐によって築かれた、そのコスモポリタンな精神とライフスタイルは、まさに一流の男の象徴と言える。氏の多くの出版物の中で、最も偉業といえるのが『フランス料理研究』である。1977年刊。1,250部限定。定価165,000円。佐野繁次郎装幀による、天金が輝く豪華な大型本である。19世紀、アントナン・キャレームに代表される建築的で華麗な料理は、フランス料理をひとつの頂点に導いた。本書は、そんな視覚本位から味本位へのサーヴィスへと変わり始めたフランス料理界における、料理技術の史的変遷、新旧サーヴィス法の比較に加え、1,500葉もの盛り付け図版と解説を含むフランス料理研究の金字塔である。

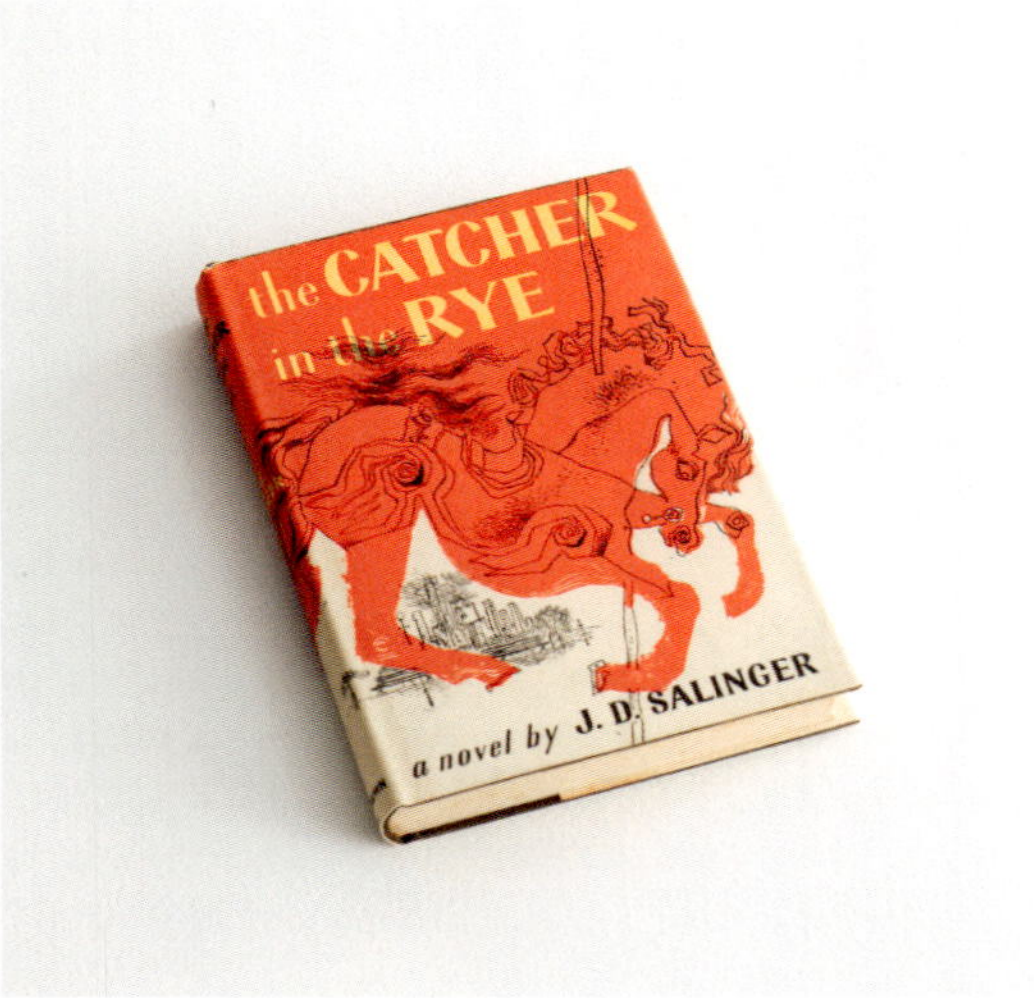

11

『キャッチャー・イン・ザ・ライ』の初版本

アンディ・スペードと待ち合わせしたのは、ブロードウェイ40丁目のデリカテッセンだった。ニューヨークの古本事情を聞く約束だった。彼は白のボタンダウンシャツの袖をまくり、リーバイスにシャツをインし、コードヴァンを履いていた。自分の古本コレクションの表紙をカラーコピーしてまとめた冊子に彼はサインして僕にくれた。『キャッチャー・イン・ザ・ライ』の初版を探しているんだ。高いけれど欲しい。あの本を持っているか持っていないかは大問題なんだと言った。その日、彼は『キャッチャー・イン・ザ・ライ』の初版本のことだけを延々と話し続けた。話を聞きながら僕は、彼の顔が段々とホールデンに見えてきて仕方がなかった。そのうち、ホールデンが口癖にしていた「フォニー（いんちき）」を言い出すんじゃないかと思った。

12

高橋誠一郎の「市川鰕蔵の竹村定之進」

株の神様と呼ばれた老人と古本を通じて出会った。老人は高橋誠一郎と浮世絵蒐集の仲間として付き合いがあった。写楽の「市川鰕蔵《えびぞう》の竹村定之進《さだのしん》」を見せてくれると言っていたが、この目で見るまで信じなかった。ある日、僕を家に呼んだ老人は「約束の写楽を見せてあげる」と言い、薄暗くした部屋で「市川鰕蔵の竹村定之進」を箱から取り出した。「高橋誠一郎が持っているものと同じです。しかし、口惜しいけれど彼が持っている『市川鰕蔵の竹村定之進』が日本一の刷り。私のは日本で二番です」と老人は言った。写楽には凄みがあった。線の一本一本がうごめいて見え、竹村定之進が今にも言葉を発し、動き出しそうで不気味だった。老人いわく、高橋誠一郎コレクションは数ではなく、とにかく刷りの良さが日本一、いや、世界一のものばかり。

13

KLMのデルフト・ブルーハウス

オランダ航空でアムステルダムへ旅行に出かけた際、機内で陶器のミニチュアハウスをプレゼントされた。オランダに実際にある住宅をモデルに作ったデルフト・ブルーハウスと言い、50年代から続くオランダ航空のオリジナルギフトである。種類は90種類以上あり、コレクターも多いと聞いた。オランダ航空の利用は残念ながらそれ以降無く、数を増やせなかったが、パリのアンティーク屋で売っているのを見つけてから集めるようになった。デルフト焼きのブルーが美しく、縦長の家をいくつも並べるのが楽しい。かといってオランダの住宅が青いわけではない。外壁は石やレンガを使い、室内は木造というのが典型で、シーグリーンというオランダの伝統色が使われることが多い。自分の家のミニチュアがあるのは一体どんな気分なんだろう。

14

小鹿田焼の大湯呑み

民藝品の類は好きだけど、家の中がそればかりになるのは好みではない。西洋のもの、アジアのもの、モダンなもの、新しいもの、古いものを、自分の好きという視点で揃えて、うまく調和させた暮らしがいい。言うなれば、日本民藝館はすばらしいけれど、そこに暮らしのイメージは湧いてこない。小鹿田焼《おんたやき》の名工、坂本茂木《しげき》さんの大湯呑みは金継ぎを施して使っている。以前、外国に持っていき、センスの良い部屋にいたずら半分に置いてみたことがある。その時に感じた、おおらかで力強い存在感と、見栄えの美しさと言ったらなかった。ものの良さというのは、井の中から飛び出してどう輝くかということだと気がついた。必要なのは何か。色気である。色気が無いと外に出た時に必ず負ける。坂本茂木さんの焼物には品の良い色気が隠れている。

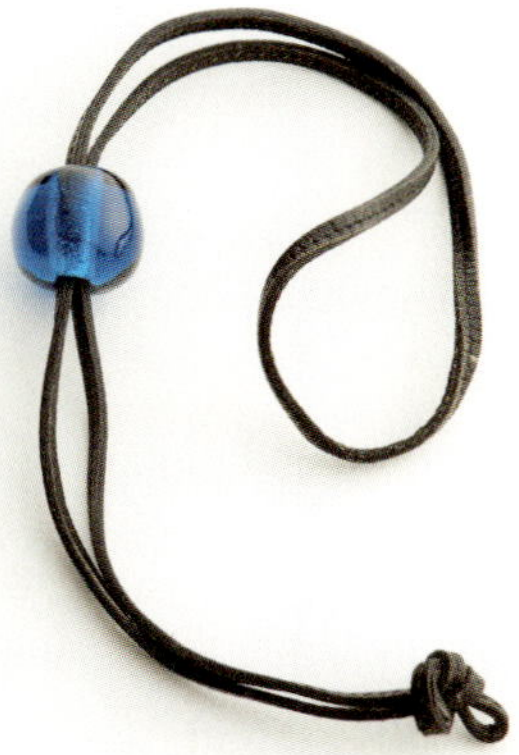

15

小谷眞三のガラス玉

ロンドンの〈ヘイワードギャラリー〉でエド・ルシェの回顧展を観た。オープニングの様子が新聞の記事になっていた。ループタイをしているルシェの写真があった。ループタイは、ビンテージ・ナバホのシルバージュエリーだった。それを見た時、ループタイもありだなと思った。過日、ルシェの真似をして、ナバホのループタイをして人前に出てみた。しかし、人の見る目が微妙なのがわかってすぐに外してしまった。そう簡単に似合うわけないのだ。つい最近、小谷眞三さんのガラス玉をやっと手に入れ、ループタイにしようと間々田紐《ままだひも》で誂《あつら》えた。間々田紐は古臭くて失敗だった。エルメスの革ひもで試してみたら思いのほかエレガントに収まった。小谷さんのガラス玉は、エルメスのランクでないと釣り合うはずがない。

16

「ジャガーXKSS」

スティーブ・マックイーンが惚れ込んだ車、ジャガーXKSS。アイボリーだったボディをグリーンに塗り替え、「グリーン・ラット（緑のねずみ）」とニックネームをつけた。ジャガーXKSSは、ルマン24時間レースで３度も優勝したジャガーＤタイプに、保安部品を付けて公道仕様にしたスーパースポーツカーである。3.4リッターDOHC・XKエンジンは、マックイーンが免許を失いかけるくらいに速かった。ベースになるＤタイプは25台あったが、工場が火災に遭い、結局16台しか生産されなかったという希少な一台である。1967年に売却したが10年後に買い戻し一生乗り続けた。マックイーンはマリリン・モンローの大ファンだった。XKSSのグラマラスなボデイは、モンローラインとも言われていた。マックイーンが僕は大好きだ。

17

タカハシ天体望遠鏡

「いつかはタカハシ」。この言葉にうなずけるのは、かなりの天体観測マニアであろう。タカハシとはタカハシ天体望遠鏡である。1932年に創業された〈高橋製作所〉は、日本よりも海外で知られた高性能天体望遠鏡メーカーである。子どもの頃、天体観測クラブに参加し、夜空の星を見ることに僕は夢中だった。星雲という言葉に惹かれ、初めて馬頭星雲を天体望遠鏡で見た時の感動は今も忘れられない。そんな僕にとって、天体観測マニアの憧れであるタカハシ天体望遠鏡は、天体望遠鏡界の王様である。他の追随を許さないその性能は「星の輪郭のシャープネス」にある。星の輪郭という言葉も凄いが、手を伸ばせば触れるくらいに月がすぐそこに見えるのがタカハシの当たり前である。僕もやっぱり「いつかはタカハシ」。

18

『そん三くうブック』

安西水丸さんの宝ものは、小学３年生の時に、雑誌の付録で手に入れた『そん三くうブック』（孫悟空のもじり）だった。しかし、友だちに貸したら無くされてしまい、それを今でも悔やんでいると言った。それでもずっと『そん三くうブック』は安西さんの心の中で宝ものであり続けた。宝ものは持っていなくても心の中にあればそれでしあわせなのだ。それから随分経ったある日、古書店で『そん三くうブック』を見つけた。すぐに手に入れ「宝もの見つけました！」と手紙をつけて安西さんに送った。2014年の３月20日だった。筆まめでいつもすぐに返事をくれる安西さんからの返事はなかった。僕は声を出して泣いた。安西さんの宝ものは、僕の一生の宝ものになった。男の一流品とは男の宝もの。『そん三くうブック』が教えてくれた大切なことだ。

19

長沼弘毅のシャーロック・ホームズ研究本

明治39年生まれ。大蔵事務次官を務め、戦後の財政再建にあたり、その後、公正取引委員会委員長にもなったエリート中のエリートである。そんな長沼弘毅にはもう一つの顔があった。ホームズ研究における日本の草分け的人物であった。洒脱な随筆も書き、イギリス文献の翻訳家としても活躍した彼は、センスの良い教養を備えた好人物であったらしい。興味深いのは『ヨーロッパ退屈日記』を上梓する前（まだ20代）の伊丹一三《いちぞう》が、彼のホームズ研究本の装幀の数々を手がけていることだ。見ればイラストや活字使いがまさに伊丹流である。となると２人の出会いと関係が気になる。イギリス贔屓《びいき》の伊丹一三の後ろには、長沼弘毅の姿がちらちらと垣間見えはしないだろうか。伊丹一三に教養とセンスを植えつけた張本人かもしれない。

20

板谷波山の鳩杖

高村光雲の弟子だった板谷波山《はざん》は、貧しくて大変苦労をした陶芸家であったが決して品性を失わなかったという。後に彫刻家になった吉田三郎は、波山の後ろを歩くといつも石鹸のようないい匂いがしていたという。いい匂いのする人とは、いつも清潔で、ていねいな暮らしを大切にしている人である。波山といえば、僕の大好きな逸品がある。鳩杖である。早くに両親と死別した波山は、その両親への思いから、故郷の下館市で80歳になった人への長寿を祝う品として、鳩の鋳物を杖の先に付けた鳩杖を贈り続けた（戦後は白磁となった）。同時に下館市の戦没者家族には観音像を贈り続けた。鳩杖の鳩は悲しいくらいに愛らしくてやさしい。波山は生涯すべてを与える人だった。鳩杖をつく老人は安穏という道を歩いてゆく。

21

〈インペリアルプラザ〉のカシミヤブランケット

「See you tomorrow」とはじめてアメリカで言われた時、二三歩、歩いたあとに涙が出た。学校を辞めて逃げるようにしてアメリカにやってきた自分が、まさか「See you tomorrow」なんて言われるとは夢にも思わなかった。「また明日会おう」と言われることが、孤独のどん底にいた自分にとってどんなに嬉しかったことか。ベッドの中でブランケットにくるまり、さあ、寝ようとする時、「また明日会おう」とはじめて言われたその時のことを不思議と思い出す。インペリアルプラザのカシミヤブランケットの、上質でやわらかな肌ざわりのせいかもしれない。人は身体があたたまると、心のこわばりが緩み、気持ちがふわっとやわらかくなり、自分の身に起こったあらゆることへの感謝の気持ちが湧き上がる。明日も頑張ろうと思える。

22

〈エルメス〉のレザーベルト

ニューヨークから日本に帰った時、リーバイスのポケットは束ねたドル札で膨らんでいた。サンフランシスコに旅立ち、ニューヨークで無一文を味わってから丸2年。身体から火を噴かせて稼いだキャッシュだ。成田空港に降り立った僕は誇らしげだった。ブルックスブラザーズにリーバイス、足元はトップサイダー。50年代から60年代のビンテージで揃えつつも、ベルトは真新しいエルメスを締め、アメリカで感化されたニューリッチを気取っていた。そのスタイルで表参道で待ち合わせたガールフレンドに会った。すると「アイビー少年みたいね」と言われた。時代はイタカジブームだった。ニューヨークでは、どんなにボロを着ていても道行く人に褒められた自慢のエルメスのベルトだった。特にリーバイスとの相性がよかった。

23 〈グレッグ・ローレン〉のジャケット

　グレッグ・ローレンというデザイナーを知ったのは、銀座の〈ドーバーストリートマーケット〉でのポップアップショップを運良く見たからだ。ビンテージのU.S.ARMYのテント生地やダッフルバッグ、ウール生地など、様々な素材やパーツで作る彼のシャツやジャケットは、単なるハンドメイドの服を超えた、もはやアートピースの域に達した作品といっても過言ではない。グレッグ・ローレンは、俳優、画家、デザイナーと多才な顔を持ち、かのラルフ・ローレンを叔父に持つ人物である。ピンストライプ柄のグレーのジャケットに袖を通してみた。裏地はなく、縫製はすべて手縫いであることが見てわかった。前身頃を留めるボタンはなく、共地のベストの前身頃だけがジャケットの内側に縫い付けられている。ボタンの種類は不揃いで、ボタンを縫いつけた糸の色も異なるというように、そこかしこに作り手の意思が隠れている。ビンテージニットのハンドウォーマーが袖にボタンで付けたり外したりできるようになっている。袖と着丈の裾は生地が切りっぱなしだ。ディストレス加工が施され、品質表示タグはすべて手書きである。着て歩いたら「それはどちらのブランドですか？」と会う人のほとんどに聞かれたから、かなり個性的なジャケットの類になるのだろう。でも、僕はこのジャケットのエレガントさが大好きである。気分的にはニューヨークのソーホーを着て歩いてみたい。白シャツを中に着て、エルメスのスカーフを巻くといいだろう。

24 リンドバーグの「スピリット・オブ・セントルイス号」

ワシントンDCの国立航空宇宙博物館でチャールズ・A・リンドバーグのスピリット・オブ・セントルイス号を見てきた。飛行機好きが高じ、数多くの飛行機を見てきたが、なんて美しい機体を持った飛行機かと思った。不格好でずんぐりむっくりしているが、隅々までに命をかけた男の夢とロマンが満ち満ちていた。スピリット・オブ・セントルイス号は、燃料タンクにガソリンをいかに大量に積み込むかを考え抜かれた飛行機である。そのために操縦席を燃料タンクの後方に移動させるしか方法はなく、そうすることで操縦席から前方を見ることは不可能となった。離陸さえしてしまえば、両側面の窓から見える地平線ないし水平線を左右見比べることで、飛行は十分可能であるとリンドバーグは判断した。前方視界を犠牲にして、ガソリンの搭載量を増やすことで飛行時間の延長を図った。すごい勇気だ。スピリット・オブ・セントルイス号の大きな特徴は、「操縦席から前が見えない」こと。そして、揚力を増やすために、機体の全長に対して「翼長がとても長い」ことである。こうしてリンドバーグは、保険会社が成功率10%と計算し、すでに6人が命を失っていた大西洋横断単独飛行を、飛行時間33時間29分30秒で成功させた。食料はたった5切れのサンドイッチと2本の水筒だけだった。パリ到着の時、リンドバーグの最初の言葉は「誰か英語を話せる人はいませんか？」だった。この愛嬌が冒険家らしくて大好きだ。

(25)

木下夕爾の『ひばりのす』

ひばりのす／みつけた／まだだれもしらない／あそこだ／水車小屋のわき／しんりょうしょの赤い屋根のみえる／あのむぎばたけだ／小さいたまごが／五つならんでいる／まだだれにもいわない。井伏鱒二は『釣人』という随筆集の中で、木下夕爾《ゆうじ》の詩の中では、幼い少年の心模様を書いた、この『ひばりのす』が一番好きであると書いている。多くの人が井伏鱒二の一文によって木下夕爾という詩人を知ったことだろう。同郷の井伏鱒二は彼に釣りを教えた仲だった。木下夕爾の詩には人と自然の生物が共感している。自然の息吹と平穏な静けさを保っている。その詩にはひとつもわかりにくいものがない。何か宝ものを見つけた時、男は誰しも「まだだれにもいわない」と思うものだ。今、僕には「まだだれにもいわない」ことがいくつあるかと考えた。

(26)

アルヴァ・アアルトのスツール60

ドナルド・ジャッドのアトリエ兼住居しかり、気になるアーティストや建築家の部屋には、必ず「あ、またここにもある」と、アアルトのスツール60を見つけることが多い。こんなに愛されている椅子は他にはないだろうとさえ思う。1933年に発表されてから80年以上経った今でも、ひとつも新しさを失わないスツールの名作として知られている。スツール60を見て、日本古来の「侘び・寂び」の雰囲気や境地を感じるのは僕だけだろうか。特にビンテージのスツール60の無造作に使われたバーチ材のエイジングは、もの静かで寂しげな美意識の訴えが垣間見える。使われれば使われるほどに見え方に魅力が増す存在は、ある種、骨董の世界にも通じる不思議な椅子である。スタッキングした時の彫刻的な美も圧巻である。

(27)

ティークリッパーの「カティ・サーク号」

中国にアヘンを運び、復航には紅茶をヨーロッパに運ぶ船をティークリッパーと呼んでいた。密貿易と茶の香りを一刻も早く運ぶために、速力のあるクリッパー型の帆船の設計に、当時の技術と夢が注ぎ込まれ、どの船が一番速いかと関心の的になった。1872年、上海沖に競って総帆を開いた２隻のクリッパーがあった。英国のカティ・サーク号とサーモピレー号である。レースはカティ・サーク号の舵を失う事故により、サーモピレー号に勝利をもたらした。しかし、操縦不能の中でも全力を尽くしたカティ・サーク号を人々は賞賛した。その後、カティ・サーク号は、数々の新記録を残し、ロマン溢れる伝説の船として人々に愛された。世界一速く、美しい船体を持った帆船、カティ・サーク号の写真を、男たちは旅のお守りとして大切にした。

(28)

江戸熊と千代鶴

大正時代に加藤熊次郎という大工がいた。頑固一徹と気難しさが仇となり、東京から大阪に流れて職人をしていた。江戸っ子言葉でまくしたてることから「江戸熊」と呼ばれていた。当時、鍛冶職人の名人であった千代鶴是秀の道具は、大工にとって神棚に祭るほどの逸品だった。千代鶴の鑿《のみ》を知った江戸熊はどうしても欲しくなった。江戸熊は、面識の無い千代鶴に切々と思いを込めた手紙に、戸籍謄本を同封し、鑿の注文を切望した。千代鶴は江戸熊の心意気を受け取り、大入《おいれ》鑿15丁（150円）を鍛え上げて、汽車賃を自分で工面して夜行列車で大阪まで届けた。その縁がきっかけに、似た者同士だったのか江戸熊と千代鶴は親交を深め合ったという。鑿を買った２年後、鑿の支払いの為か、江戸熊は娘の一人を芸妓に出した。

(29)

山ぶどう蔓のかご

桜の花見で立ち寄った由布院〈玉の湯〉で、あけびのかごを買った。その時買ったあけびのかごは15年愛用し、義弟のお嫁さんにあげて喜ばれた。結構いいものだった。青森の職人に山ぶどう蔓のかごを注文したのもその頃だ。良い悪いわからずに大金をはたいた。〈もやい工藝〉の久野恵一さんに見せたら、「あなたがそんな出来の悪いものを持っていたら駄目だ」と言い、山形・月山《がっさん》のかご編み名人、佐藤栄吉さんが30年前に編んだ山ぶどう蔓のかごを見せてくれた。「これが本物です」。貴重な資料として保存しているものらしい。丸みを持ったフォルム。頑強なフチと手さげ。網目の美しさ。今では採れない最高級の山ぶどう蔓を材料に使っていた。久野さんは「僕からもらったと絶対に誰にも言わないように」と言って僕に手渡した。

(30)

〈スクリーミング・イーグル〉のワイン

サンフランシスコにボリナスという自然に囲まれた小さな町がある。アーティストやミュージシャン、トップ企業の創業者などがひっそりと暮らしている。町の小さなレストランで、ワインとサンドイッチを食べた。フルーティーなワインのおいしさに感激していると、「ありがとう。もう一杯いかが」と店の人がおかわりをくれた。この店がカリフォルニアのカルトワイン、スクリーミング・イーグルの創立者ジーン・フィリップスが経営するレストランだと聞いたが、定かではない。しかしハウスワインはたしかにスクリーミング・イーグルだった。ワインを入手するにはクラブメンバーになるしか方法はなく（現在はほぼ不可能）、2000年のオークションでは、マグナムボトルに50万ドルの高値がついたという伝説のワインである。

31 〈ローリングス〉のXPG6

好きなプロ野球選手は皆ローリングスのグローブを使っていた。読売ジャイアンツの長嶋茂雄はXPG3を愛用していた。ハート・オブ・ザ・ハイドという最高級のグローブレザーを使用し、捕球面はバスケット・ウェブ、背面はウイングチップのXPG3は、オールド・ローリングスを代表するモデル。ミスターの華麗なフィールディングはいつもXPG3と共にあった。僕の好きなグローブのひとつである。しかし、もっと好きなローリングスのグローブがある。中日ドラゴンズの星野仙一が愛用したXPG6である。通常ピッチャーは、握りが打者に見られないように投手用のグローブを選ぶ。しかし「ピッチャーは6番目の内野手である」と星野は考え、大きな投手用ではなく、小さな遊撃手用を選んだ。投手にとって致命的といえる握りが見られる心配には、握りが見えても「打てるもんなら打ってみろ」と気にしなかった。さすが喧嘩野球である。マウンドに立った星野が、打者をにらみつける目の怖さと言ったら半端でなかった。ツーピース・ウェブで、ウイングチップ、刻印された「For The Professional Player」の文字が輝く。70年代はローリングスのグローブの黄金期で数々の名モデルが生まれている。中でもXPGシリーズは最高級だった。牛が鼻息を吹くマークの刻印は世界中の野球少年の憧れだった。メイドインU.S.Aのグローブの迫力は、子ども心に強烈な衝撃を与えた。XPG6は少年松浦の眩しい夢だった。

32 「ジープスター・コマンド」

サンフランシスコのノースビーチに、ワシントンスクエアパークという公園がある。リトルイタリーで夕食を食べた後に、その公園のベンチでくつろいでいると、隣に座っていた紳士が「どんな車が好きですか？」と聞いてきた。答える前に紳士は「私が好きなのはジープスター・コマンドです」と言った。「どんな車ですか？」と聞くと、待ってましたとばかりに、バッグから写真を取り出した。小ぢんまりとしたコーラル色ボディの2シーターのジープだった。50年代と60年代に、ジープ社が一般向けの乗用車として発表したモデルだという。まったく売れずにすぐに市場から消えて、希少車になっているらしい。紳士は「この車を買いませんか？　1965年製です」と言った。ハードルーフのステーションワゴン風のデザインがなかなか良く、ドアのデザインに愛嬌があった。写真の裏には電話番号が記されたスタンプが押されていた。「写真を差し上げます。興味があったら電話をください」。「車は幾らですか？」と聞くと「12,000ドル。安いですよ」と言った紳士は小さく微笑んで立ち去った。その後、手元に残った写真を時たま見ては僕は考えていた。自分と同い年の車でアメリカ中を旅したらすてきだろうな。知人の家のガレージに置いておけばいい。僕は決心して紳士に電話をした。しかし一度もつながらなかった。20年経った今でも時たま電話をしてみるがつながらない。今、好きな車を聞かれたら「ジープスター・コマンド」と答える自分がいる。

33

「ハッセルブラッドEDC」

月面には12台のハッセルブラッドEDCが置き残されている。アポロ11号で月面着陸したアームストロングは人類史上初めて月面の写真を撮影した。その写真を撮影したのがハッセルブラッドEDCである。カメラには、偏光フィルター付きのBiogonレンズ（焦点60ミリ）がマウントされ、内部のガラスプレートには、被写体の大きさを測るために十字線が付き、その十字線はフィルムにも記録されている。1969年から1972年までに（計12台のカメラが月面で使われた）月面で撮影された写真にはすべてこの十字線が写っている。帰還時に積み荷を少しでも軽くするため、撮影後はフィルムを抜き取り、重たいカメラは全て置いていった。マイケル・ライトの『FULL MOON』で、ハッセルブラッドEDCで撮った写真の多くを見ることができる。

34

〈リーバイス〉の501Z XX

エルメスでコットンシルクのネイビージャケットを買った。真夏でも涼しく着られる素材の軽さと、エルメスならではの縫製と仕立ての良さが気に入った。届いたジャケットを早速着ようと思った時、ボトムは何を合わせたら良いか迷った。細身のスラックスで良いだろうが、普通過ぎてつまらない。リーバイスの501Z XXを合わせてみた。最近のリーバイスの復刻モデルは、タグを見なければオリジナルと見分けが付かないクオリティがある。501Z XXは、わずかに細身のシルエットが特徴である。エルメスのジャケットとのコーディネートは抜群だった。白いシャツを着て、靴はJ.M. WESTONを選んだ。ネイビージャケットに白シャツ、デニムに革靴という、いわばスタンダードなスタイルだが、質実のうんちくは最上級である。

35

フィン・ユールのNO.45

フィン・ユールのNO.45は「世界一美しい肘掛けを持つ椅子」と呼ばれている。肘掛けは椅子のいのちでもあれば「世界一美しい椅子」と呼んでもいいだろう。しかしどうだろう、椅子というものは「美しい」と眺めていては何もわからない。実際に毎日座ってみるのが肝心である。NO.45の見た目は無口である。しかしこんなふうに僕は想像する。無口な人が一緒に暮らしていくうちに少しずつ口を開き、何年も経つうちに色々なことを語り始めるような椅子であろうと。ニールス・ボッター工房製のNO.45は、手がけた職人によって一脚一脚、表情が異なるという。ペーパーナイフを思わせる肘掛けのフォルムは手仕事の極みである。部屋に置いたブラジリアンローズウッドのNO.45は、あたかもそこに一人の人間が佇んでいるような気配を発している。

36

伊丹一三の『ヨーロッパ退屈日記』

『ヨーロッパ退屈日記』の初版本は、伊丹十三ではなく伊丹一三《いちぞう》名義である。マイナス（−）をプラス（＋）に変えるなんて洒落ている。デビュー作ということで初版の刷り部数は多くない。しかし時代の寵児として話題を集め、すぐに第２版が刷られ、またたく間にベストセラーとなった。よって世の中にある『ヨーロッパ退屈日記』のほとんどが伊丹十三であり、伊丹一三の『ヨーロッパ退屈日記』を持っている人は少ない。持っているとちょっと嬉しい本である。伊丹十三に憧れ続け、何かと歯噛みし、少しでも何か学び取りたくて仕方がない自分がいる。口惜しいくらいに一流な『ヨーロッパ退屈日記』を元にして、自分なりの『ヨーロッパ退屈日記』を書きたいと思っている。身の程知らずは重々わかっている。

37

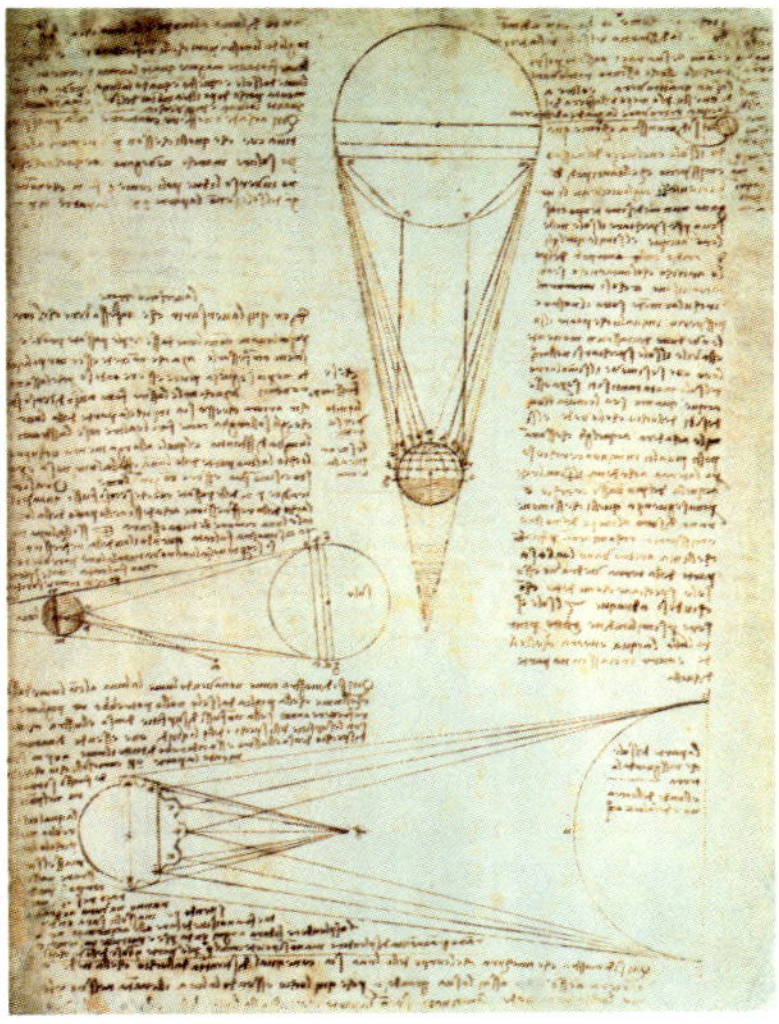

ダ・ヴィンチのレスター手稿

レオナルド・ダ・ヴィンチが40年間書き綴ったノートがある。その内の一冊が、全72ページのレスター手稿である。ダ・ヴィンチ晩年の頃のもので、生涯取り組んだ天文学、流体力学、地球物理などに関する研究と考察が記されている。有名な月の満ち欠けを解説したデッサンに思わず目を見張るが、興味深いのは、すべてが鏡面文字で記されていることだ。現在レスター手稿はビル・ゲイツ氏が所有しており、１年に１度、１ヵ国の１ヵ所のみで公開されている。日本では2005年に〈森アーツセンターギャラリー〉で公開されたのが記憶に新しい。もちろん見に行った。「いかに質の高い質問を自分に問いかけ続けるのか。仮説と検証の繰り返しによって、人間は学び、成長をし、喜びを得る。負けるな、あきらめるな」と僕は自分のノートに書いた。

38

マリーさんのマウンテンブーツ

ジョン・ミューア・トレイルを歩くことになり、サンフランシスコから車で３時間のグインダ村にある、〈マレースペースシューズ〉のマリーおばあちゃんとフランクの親子に会いに行った。マウンテンブーツを作ってもらうためだった。アクシデントの多くは、靴擦れや足首の捻挫であると聞いたからだ。石膏で足型を取り、その人の足にぴったりの靴を作って50年のマリーさん。「心配しないで大丈夫。あなたの足を守るブーツを作るから」と彼女は言った。おかげでトレイルは無事に踏破できた。歩き終わった後、ブーツを脱いで裸足になった僕の足は、赤ちゃんの足のようにピカピカだった。山から降りて、すぐに２人に会いに行った。「雲の上を歩くようだった」と伝えると「おかえりなさい」とマリーさんは僕を抱きしめてくれた。

(39)

「アダムス・マイネックス・デラックス・トロピカル」

浅草の〈早田カメラ〉の早田清さんに、アメリカの友人から譲ってもらった、ライカM3のオリジナルブラックペイントを見せたら、その場で分解して、コンディションを調べてくれた時は驚いた。そのM3は完璧に整備してもらって、今では実用機として活躍している。早田さんはカメラ修理の名人であり、カメラの知識が半端でない。そしてその話が面白い。そんな早田さんが世界一というカメラが、1910年製のアダムス・マイネックス・デラックス・トロピカルである。トロピカルというのは木製カメラの熱帯地仕様である。イギリス人が植民地に出かけてこのカメラで写真を撮ったのかと想像するとゾクゾクする。どんな写りがするのだろう。9×12サイズの一眼レフで、カメラのロールス・ロイスと言われている。

(40)

ポール・ケアホルムのPK31

アムステルダムからコペンハーゲンへ向かい、カストラップ国際空港に到着した時、ポール・ケアホルムのソファPK31が置かれていたのを見た。空港の大きな窓から明るい日差しが差し込み、PK31に座る人のシルエットが影になってとても美しかった。それ以来、僕はPK31を羨望している。PK31は、天井の高い、大きな窓のある、明るく広い空間で、周りに何も置かずにあるのが一番だと思った。半端に狭い部屋では重苦しいだろう。マスミ工房のブルーのペルシャを敷き、PK63Aコーヒーテーブルを置いて、向かいにはPK22が2脚あればいい。真っ白の壁には長谷川燐二郎の紙箱を描いた絵が似合うだろう。夜に本を読んだり、音楽を聴いたりするためのフロアランプは何を選ぼうか。こんなふうに僕はいつも妄想をふくらませている。

(41)

ハンス・コパーをひとつ

ルーシー・リーを集めるようになって、当然ハンス・コパーも知るようになった。ひとつ欲しいと思っていたが、一度も触ったことがないので決心がつかなかった。ロンドンの〈ギャラリー・ベッソン〉では、ルーシー・リーを買うことだけで精いっぱいで、ハンス・コパーまで見る余裕はなかった。今思うと、もっとハンス・コパーを触っておけば良かったと後悔している。彫刻をパズルのように組み合わせた造型の面白さと、ストイックな美意識、上下どちらを上にしても、バランスが崩れない高い芸術性がハンス・コパーにはある。実用品としてのルーシー・リーとは違った魅力にあふれている。最近〈水戸忠交易〉の林大介さんにハンス・コパーを触らせてもらっている。そろそろ清水の舞台から飛び降りようか。骨の二三本は覚悟しよう。

42

〈L.L.BEAN〉のトートバッグ

どんなバッグをどんなふうに持っているかで、その人のセンスやライフスタイルがわかると言う。高級品なら良くて安物は悪いということではない。乱暴に扱わず、手入れを怠らず、いつも清潔であることを守りたいと思っている。ある日、僕はL.L.BEANのトートバッグを持って、ニューヨークのプラザホテルに泊まる友人に会いにいった。ボーイが僕のバッグを見て「すてきですね」とお世辞を言った。「こんな場所に相応《ふさわ》しくないバッグですみません」と言うと、「そんなことはありません。あなたのバッグは清潔でとてもエレガントですよ」とボーイは答えた。横で見ていた友人が「彼らは本当のお金持ちがL.L.BEANのトートバッグをよく使っているのを知っているんだよ」と教えてくれた。お世辞でもバッグを褒められて僕は嬉しかった。

43

〈とらや〉の赤飯

秋になるととらやの赤飯が楽しみになる。見れば見るほど、味わえば味わうほどに、これこそ日本の一流であるとつくづく思う。折箱にびっしり詰まったとらやの赤飯はとにかく色が濃い。羊羹《ようかん》や饅頭の餡を作るときに出る、小豆の煮汁をたっぷり使って、赤飯に色をつけているからだ。食感がしっかりと硬いのもおいしさの特徴である。これは余分な水分で米が軟らかくならないように、特別に加圧した蒸気を使っているせいだ。すべてにていねいな手間がかけられている。とらやの赤飯には、もうひとつ秘密がある。ごま塩である。とらやのごま塩は、ごま自体に塩味をつけたもので、うっすらと白い衣をまとったように見える。このごま塩が実においしい。ごま塩を味わうための赤飯なのかと思うほどである。

44

フーベルマンが弾くチャイコフスキー

映画を観るように、丹念に聴くといいと言われたのが、ブロニスラフ・フーベルマンが弾くチャイコフスキーの「ヴァイオリン協奏曲ニ長調op.35」である。「人間が成し遂げられる究極のパッションがある」とその人は言った。そんなふうにクラシック音楽を聴いたことがなかった僕は、目をつむって、どんな小さな音も逃さぬように、そこにあるすべてを素直に受け取るようにして聴いた。22歳の時だ。ヴァイオリンのこと、チャイコフスキーのこと、それと比較されるものなど何も知らない無知な僕は、ひたすらフーベルマンという生身に身を委ね、耳を傾けた。そして僕は、自分の中にあった一人の人間が放つ表現力のスケールを粉々に壊された。スケールとは価値観であり美意識だ。生まれてはじめて自分を壊してくれるものと出合った。

(45)

カウボーイ柄のコットンスカーフ

ニューヨークのセントラルパーク・ウエストの道端で、シーツを広げて古着を売っていた女性からカウボーイ柄のコットンスカーフを20ドルで買った。スカーフで20ドルは高価な類だったが、50年代ならではの柄と色使いが気に入ったので納得出来た。三角折りしたそのスカーフを頭に巻いて、マジソン街の〈ラルフ ローレン〉に行くと、店員に見せてくれと言われ、「よかったら100ドルで売ってくれないか」と頼まれた。その後も、身につけていると不思議なくらいに、老若男女にモテる幸運のスカーフだった。しかも紛失したと思っても必ず戻ってくる縁があった。今となっては自分にとって一番古い持ち物かもしれない。価値が高いかどうかわからないが、自分にとってのラッキーアイテムになっている。世界中を一緒に旅している。

(46)

「ブラフ・シューペリアSS100」

子どもの頃、近所の米屋のガレージに古いバイクが置かれていた。そのバイクのかっこよさに感動した僕は、画用紙に何枚もバイクの絵を描いた。大人になっても、絵に描いたバイクが忘れられなかった。調べるとバイクはブラフ・シューペリアSS100とわかった。イギリスで1924年に製造され、数々のレースで活躍し、バイクのロールス・ロイスとも呼ばれた名車である。40年ぶりに僕は米屋を訪ねてみた。その場所は駐車場になっていた。アラビアのロレンスが愛用したバイクとしても知られたブラフ・シューペリアSS100。僕は今でもその姿を正確に描くことができる。真横から見た時の、ガソリンタンクの細いかたち、空冷Vツインエンジン、クラクション代わりのラッパ、後ろに長く伸びたマフラーなど、しっかりと目に焼き付いている。

(47)

黒田辰秋の「朱漆六稜棗」

好きな場所には必ず好きなものが置かれている。京都に行くと必ず訪れる〈鍵善良房〉には、工匠黒田辰秋《たつあき》の欅《けやき》の菓子棚がある。天井いっぱい、壁一面の菓子棚は、黒田が28歳の時の大作である。そして、京大北門前の〈進々堂〉には拭漆楢《ふきうるしなら》の大テーブルセットがある。この無垢材の簡素なテーブルとベンチに惚れ込んだ僕は、わが家のテーブルの参考にしようと、何度も通い寸法から何まで盗んで帰った。展覧会で展示されていた、川端康成が所有した朱漆の棗《なつめ》を見て「あ！」と思った。まったく同じカタチの黒漆を見たことがあったからだ。それは、茶道を生涯愛した祖母の持ち物だった。美しい六角形の容れ物に、抹茶をていねいに濾《こ》して入れている祖母の姿を、僕は鮮明に覚えている。北海道一の芸妓で知られた祖母の亡き姿を思い出すばかりだ。

48

〈ニューバランス〉M2040

ニューバランスという言葉が大好きだ。そのまま訳すと「新しい調和」である。地球上の全ては調和という力によって保たれている。そしてその調和は常に新しくあり続けている。そう考えると、ニューバランスはいつでもどこにでも存在する無限の力である。ブランドを神格化するつもりはないが、ランニングシューズにニューバランスという名前をつけたセンスに嫉妬を覚える。名品1300から始まるフラッグシップモデルの系譜の最新がM2040である。ニューバランスが持つ最新のテクノロジーと、MADE IN U.S.Aのブランド・フィロソフィーが最大限に表現されたパフォーマンス・シューズである。ランニングシューズといえど、メイドインU.S.Aのクラフツマンシップの技を味わう贅沢がM2040にはある。

49

マルカントワーヌ・シャルパンティエという作曲家

ヨハン・セバスチャン・バッハはどんな音楽を聴いていたのだろうか。そして、バッハ以前の音楽とは何だろうと、ふと考えた。歴史を紐解けばすぐにわかることかもしれないが、電気も水道もない16世紀の暮らしの中で人々はどんな音楽をどのように楽しんでいたかと思いを馳せた。例えば、リュート奏者のジョン・ダウランドは、バッハ以前に活躍したイギリスの作曲家で、愛や悲しみを歌う声楽の数々に混じり気のない素朴な輝きが発見できる。しかし、バッハ以前の音楽というと、やはり宗教音楽なのかもしれない。そう思って、マルカントワーヌ・シャルパンティエの「修道女のためのスターバト・マーテル(悲しみの聖母)」を聴いた。生まれてこの方、こんなに美しい音楽を聴いたことがないと衝撃を受けた。永遠とは何かがわかった。

50

ベニ・オワレンのラグ

料理写真家の木村拓さんはモダンデザインに造詣が深く、互いに話をし始めると止まらなくなる。今何が一番欲しいかと聞くと「ベニ・オワレンのラグが欲しい」と彼は言った。アアルトの自邸や、フランク・ロイド・ライトの落水荘など、有名なインテリアを見ると必ずビンテージのベニ・オワレンが敷いてあり、なぜか日本では見かけないとも言った。60年代にモロッコのベニ・オワレンという村で織られたものだ。染めを行わず、ピュアな羊毛そのままを生かしたラグで、ムートンのような毛足の長さが特徴である。色はベージュだが、柄の部分だけ貴重な黒い羊毛を使っている。桐島かれんさんの店〈ハウス・オブ・ロータス〉で見つけた時は嬉しかった。かれんさんも集めているらしい。教えてくれた木村さんより先に手に入れて申し訳なかった。

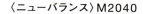

51 八大山人の「安晩帖」

夏になると京都の〈泉屋《せんおく》博古館〉に通った日々が懐かしく思い出される。40歳になったある日、ふと僕は「見るべきもの」を見ていない自分に気がついて、心のどこかが冷やっとした。「見るべきもの」はこの世界を見渡せば果てしなく在る。だからと言って、生きている間に、そのすべてを見るのは不可能だとあきらめたくなかった。すべての「見るべきもの」をこの目で見てやろう。いや、見たい。そう思って自分の胸の中に「見るべきもの」という科目を作った。あれも確か夏の暑い日だった。渡邊かをるさんに会いに行き、そんな話をすると「そうか。泉屋博古館に行くといいよ」と教えてくれた。その帰り道、僕はこれから京都に通う為の麻の上下と白いシャツを買った。泉屋博古館に行くときは１泊することにし、背伸びして〈俵屋〉〈柊家〉〈炭屋〉から選んだ。これもひとつの学びとして大枚をはたいた。泉屋博古館は「見るべきもの」の宝庫だった。数々の宝庫の中で、僕は八大山人の「安晩帖《あんばんじょう》」に一番魅了された。「安晩帖」とは、明代末期から清代初期の画家八大山人による全20面からなる晩年の傑作である。「京都にある第一等の美術品」と司馬遼太郎が絶賛している。２篇ある魚図のひとつ「鱖《けつ》魚」を見た時、僕は「えっ？」と思うと同時に高い所から突き落とされたような気持ちになった。余白の真ん中に静かに遊泳している大きな目の魚。なんという凄まじい生命感なのだろう。八大山人の心意が凝然としてそこに在ると感じるばかりだ。

52 ダーレイ・アラビアンという馬

2週間に1度、銀座の〈米倉〉で髪を切っていただきながら、米倉満さんとクラシック音楽や文学の話をするのを楽しみにしている。会話が弾んだのは、辻原登の時代小説『韃靼《だったん》の馬』（日本経済新聞出版社）の話をした時だった。『韃靼の馬』は、18世紀、対朝鮮貿易を一手に担っていた対馬藩の青年の半生をつづる長編物語。その中で、時の将軍、吉宗に馬を献上するために、青年は、世界一速く走る「天馬」を求めてモンゴルへと旅に出る。将軍は日本一の馬では満足せず、世界一の馬をどうしても欲しいという。当時の馬は今の時代の車でもあろう。いわば将軍は、世界一速く走る車に乗りたいと言っているのと同じである。男の欲望とは今も昔も変わらない。当時、最も速い馬はアラビアンホース（アラブ種の馬）だった。将軍が所望した韃靼の馬もその一種である。ティムール帝国の君主シェイク・ミルザが所有するダーレイ・アラビアンという名の馬がいた。現在の100万頭を超えるサラブレッドの血統を遡っていくと3頭の馬に辿り着く。その内の一頭がダーレイ・アラビアンである。後にイギリスに渡るが、強奪の末の密輸である。そんな馬ならば争奪の戦いが起きるのは当然だろう。そんなふうにダーレイ・アラビアンは世界一丈夫で速い馬の始祖として伝説化されている。「男は速くて丈夫な乗り物が好きなんですよ」と米倉さんは微笑みながら言った。ダーレイ・アラビアンの馬体は、この世のものと思えない位に美しかったという。

53

マルセル・ブロイヤーのフォールディングチェア

画家のワシリー・カンディンスキーのために設計されたワシリーチェアは、自転車のハンドルにヒントを得たと言われている。ワシリーチェアをベースにしたフォールディングチェアがある。1927年にドイツ工作連盟主催によるファイセンホーフ住宅展で、グロピウス設計の住宅に展示され、その後、5年間だけ生産された幻の椅子である。オリジナルがパリのクリニャンクールの蚤《のみ》の市で売られているのを見た。作られた年代がはっきりしているからか目玉が飛び出る値段だったのであきらめた。しかしやっぱり欲しかった。踵《きびす》を返して戻るとすでに売れていて溜息をついた。ワンチャンスを逃してしまったと嘆いた。美しく畳まれた姿が実に魅力的だった。見つけたら電話するよと店主は言った。20年経つが連絡はない。何事も即答が大事と学んだ。

54

「フェラーリ375MMイングリッド・バーグマン」

女優のイングリッド・バーグマンと映画監督のロベルト・ロッセリーニの不倫の恋から生まれた車がある。彼女を愛したロッセリーニは、誕生日に一台のフェラーリを贈ろうと思った。彼女のためにたった一台だけデザインされたフェラーリ375MMイングリッド・バーグマンである。ボディカラーは、バーグマンの瞳と同じ色の「グリジオ・イングリッド」。なんてかっこいいことをするのだろう。愛する人へのプレゼントのために世界にたった一台のフェラーリを涼しい顔で注文するロッセリーニの男っぷりがいい。しかし、当時フェラーリでは特別注文に最低2年はかかっていた。車が完成した時には2人の恋は終わっていて、彼女はこの「バーグマン・フェラーリ」を受け取ろうとはしなかった。バーグマンの女っぷりも実に素晴らしい。

55

いつも〈ライカ〉が一緒だった

ニューヨークに着いた日、アッパーイーストサイドに暮らす友人に「ライカを買いたい」と相談した。友人は電話帳をめくり、ニューヨークでライカ社認定の中古カメラ店を調べてくれた。カメラ店はウォール・ストリートにあった。ライカCLというカメラを750ドルで買った。レンズはズミクロン40mmが付いていた。僕にとってニューヨークの写真といえばスティーグリッツが撮ったフラットアイアンビルだった。同じ場所から写真を撮るのが夢だった。僕はカメラにフィルムを詰めてスティーグリッツが撮影した場所へと向かった。そしてフラットアイアンビルに向けてシャッターを切った。夢が叶ったと思った。その日から20年以上ライカを愛用している。今はM9-Pに初代ズミルックス35mm f1.4（1960）の組み合わせを常用している。

56

〈蟻川工房〉のホームスパン

ガラスケースの中に展示されていたグレイのジャケットとパンツ。立原道造が生前に着ていたホームスパンの上下である。なんてあたたかそうで、やわらかそうで、風合いがすてきなんだろうと目が釘付けになった。僕はそのジャケットとパンツの前からしばらく離れられなかった。その日からホームスパンという、羊毛の手紡ぎによる手織り生地のことが頭に深く刻まれて何年も過ぎた。志賀直哉、武者小路実篤、長与善郎、柳宗悦といった白樺派の人々が、好んで着ていたのもホームスパンだった。有名なシャネルスーツのツイードも、国は違えど上質なホームスパンだった。スコットランドから東北地方に受け継がれ、育まれたホームスパン。多くの方の尽力によって、ジャケットとして出来上がった。あとは着る人間を磨かなくてはいけない。

57

〈大澤鼈甲〉のべっ甲ボタン

べっ甲眼鏡には憧れがある。白べっ甲の眼鏡をかけていた祖父が、いいべっ甲の眼鏡ですね、と訪問客に言われているのを100回くらい側で聞いていたからだ。祖父はいつもべっ甲眼鏡を布で拭いて磨いていた。いつか自分もべっ甲眼鏡をかけて、あんなふうに人にほめられたいと思っていた。しかし残念なことに、アフリカのサバンナの少年のように視力の良い子どもだったので、べっ甲眼鏡なんて山の向こうくらいに遠いものだった。40歳になった時、とうとう食事の際に飯粒がぼやけるようになったので眼鏡を買うことになった。千駄木の大澤鼈甲《べっこう》に行くと、眼鏡もいいけれど、ボタンもいいなと思った。丁度、仕立て中のジャケットがあるから、べっ甲のボタンを使おうと思った。ほめてくれる人がいるととても嬉しい。べっ甲眼鏡はその次だ。

58

〈レオナルド・バーマンズ〉のトランプ

友人に誘われてニューヨークのブリッジセンターに行った。そこではじめてコントラクトブリッジを覚えた。それまで僕はポーカーとジン・ラミーしかカードゲームは知らなかった。ブリッジは友だちの輪がどんどん増えていくから嬉しかった。それからというもの時間さえあればブリッジセンターに通うようになった。愛用しているトランプは今は無きベルギーのトランプメーカー、レオナルド・バーマンズの1920年代のものだ。パリの名所が描かれた絵柄と子どものジョーカーが気に入っている。旅行には必ずこのトランプを持っていく。ブリッジセンターはどこの国にでもあるし、ブリッジだけでなく、カードゲームはなんでも大好きだ。ポーカーのロイヤルフラッシュは一度だけ出したことがある。60万分の１の確率と聞いたことがある。

59 〈エルメス〉のスカーフ

冬のパリでエルメスのスカーフを首に巻いた紳士を何人も見た。一番すてきだったのは、ベージュ地にネイビーの柄が入ったスカーフを、首にふわりと巻いて、質の良さそうなウールの白いダッフルコートを着た老紳士だった。いつか自分もあんなふうにエルメスのスカーフを首に巻いて、冬のパリを歩いてみたいと思った。その後、あの老紳士が巻いていたスカーフがどうしても忘れられなくて、同じ色柄のものをエルメスに探しにいったが、残念ながら見つけられなかった。そんな話を知人に話すと、そのスカーフはきっとビンテージものではないだろうか、と言い、扱いの可能性のあるサンジェルマン・デ・プレのアンティーク屋を教えてくれた。そこで出合ったのが1967年に製作された「Termes De Vénerie（狩りの言葉）」というタイトルのスカーフである。「C. HALLO」というデザイナー名が記されている。品の良いグリーンとブラウンの地に、8つの様々な狩りのシーンが描かれ、古き良きフランスの豊かな狩猟文化が表現されている。味のある風合いがシックで一目で気に入ってしまった。コートやジャケットだけでなく、ニットにも合わせやすいだろう。アンティーク屋の主人から、60年代のエルメスのスカーフは、男性にもおすすめできるユニークな絵柄が多いと聞いた。「多くのコレクターは額に入れて飾るから、あなたみたいに身につけると聞くと嬉しい」と主人は言った。こんなスカーフなら何枚でも欲しい。

60 〈アレックス・サンジェ〉No.777

グラフィックデザイナーの白石良一さんとの打ち合わせをいつも楽しみにしている。仕事の話が一段落すると、互いに好きなビンテージカーの話で盛り上がる。白石さんの愛車は、オースティン・ヒーレー・スプライトで、最近（僕の大好きな）ジャガーEタイプが加わった。僕がポルシェ911から英国車のロータス・エランに乗り換えようと思っているのは白石さんの影響が大きい。白石さんは、フランスの自転車工房アレックス・サンジェのコレクターでもある。アレックス・サンジェとは、ツーリングに使うためのランドナーの極みを生んだ、知る人ぞ知るフランス最後の手作り自転車工房だ。今も一台一台、オーナーの希望や体型に合わせて手作業で作られている。白石さんが持っているシリアルNo.777のミキストを見せてもらった。50年代製のビンテージである。どんな人のどんな注文によって作られたのだろうと考えるとドキドキする。ミキストというのは、女性がスカートを穿いたままでも運転できるような構造のフレームである。ネジ一本を含め、細部のパーツを見れば見るほど、その高い技術による手仕事に驚かされる。機能と性能が当時の最新でありながら、フランス人ならではの優雅さを極めた自転車アレックス・サンジェ。２人でツーリングするためのタンデムという２人運転モデルもある。こんな自転車に乗って風を切って走ってみたい。日本では〈ランデヴー・アレックス・サンジェ〉というサイクリングクラブがある。

61

2冊のカクテルブック

カクテルがまだミックスドリンクと呼ばれていた1920年代、カクテルが飲める代表的な店といえば、ロンドンの〈サヴォイ・ホテル〉のアメリカンバーだった。そこでカクテルをひとつのバー文化にまで高めたのが、1925年からヘッドバーテンダーとして働いた、若きハリー・クラドックである。『サヴォイ・カクテル・ブック』は、そんな彼によってまとめられた「カクテルレシピの原典」として読み継がれている。ギルバート・ランボールドによる、アールデコの装幀や挿画イラストも時代を表す魅力になっている。『バー・ラジオのカクテルブック』は、尾崎浩司さんによる、カクテルを介して、もてなしとしつらいの心を追求した名著である。僕は日本の美の心を、この本と尾崎さんから学んできた。2冊のカクテルブックは人生の教科書である。

62

〈イシカワ〉の洋服ブラシ

ジャケットやコート、ニットに至っては、できるだけクリーニング業者に出さないようにしている。上質なウールやカシミヤ、シルクは尚更である。洗えば洗うほど、風合いを失い、せっかくの服地を傷めてしまうからだ。では手入れはどうしたらよいか。イシカワの洋服ブラシを使うようになって、手入れは着用後のブラッシングで充分だとわかった。イシカワのブラシは馬毛である。しかも、服地に一番適した毛を追求し、馬の尾の根元に生えている「尾脇毛」という特殊な毛だけを使っている。汚れやほこりを落とすだけでなく、生地の表面を整え、風合いも深めてくれるブラシである。当然、高価であるが、大切な洋服を長く着るための賢い選択であろう。ニットのブラッシングも使い方を覚えれば、毛玉もなくなりふっくらふわふわになる。

63

〈アルフレッド・ベント〉のピッケル

「浦松佐美太郎さんのお孫さんですか？」と安西水丸さんに聞かれた。「名前が似てるので、多分そうじゃないかなとウチの人と話してたんですよ」と安西さんは笑った。もちろん違うと答えた。けれど嬉しかった。浦松佐美太郎の名著『たった一人の山』は、大好きな一冊なので勿体ない言葉ですと言うと、「その本は僕も大好きですよ」と安西さんは言った。著者がスイスのアイガーで知られたグリンデルワルトを訪れ、ピッケル鍛冶屋〈ベント〉に大振りのピッケルを鍛えさせる一文がある。以来ベントと言う名のピッケルに憧れを抱いた。80年代、柳宗理さんが機関誌『民藝』にピッケルの写真を掲載していた。よく見たら「BHEND GRINDELWALD」と刻印が読めた。はじめて見たベントのピッケルは、それこそ用の美のちからが満ちあふれていた。

64

〈雲州堂〉の21桁そろばん黒檀玉

28歳の春にパリを訪れた。着いた日にクリニャンクールの蚤《のみ》の市に行き、200フランでアンティークのそろばんを買った。30年代のものだと店主は言った。木目が美しく、日本で使っていたそろばんと同じ四玉そろばんだった。玉を指で弾くとパチンパチンと乾いたいい音がした。そろばんの計算は、子どもの頃にそろばん教室に通っていたので、乗算、除算、見取り算とお手の物だった。「読み、書き、そろばん」が必須だったのだ。パリで買ったそろばんは、電卓代わりとして旅の必需品になった。外国で使うと、誰もが感心してくれるから愉快だった。古書店を始めた時もパリで買ったそろばんを会計に使っていた。今、もう一度そろばんを使おうと思っている。頭の中にそろばんがある感覚を取り戻したいのだ。雲州堂の黒檀《こくたん》玉を買いたい。

65

〈シーサー〉の下着

男性用の下着は、ブランドのライセンスものとか、ウエストのゴムにロゴが入ったタイプとか、妙なビキニタイプとか、カラフルな柄ものばかりで、いたってシンプルで上質なものを探すとなるとなかなか見つけられない。外から見えない下着も、目に見える装いと同じクオリティのクラスで揃えたい。買うか買わないかは別として、どんなものがあるのか知りたくて「一番高いものを見せてください」と、百貨店の下着売り場で聞いてみた。ドイツのシーサーという130年続く老舗の下着メーカーを教えてくれた。1950年代のデザインを復刻したリバイバルラインは、当時の古い織り機で作られているという。箱もレトロな雰囲気で好感が持てた。下着は半年に１度買い替えるようにしている。安い下着は決して身につけたくない。

66

〈ハウス オブ フレーバーズ〉のチーズケーキ

この世界にこんなにやさしいおいしさがあったのか。ホルトハウス房子さんの洋菓子店〈ハウス オブ フレーバーズ〉のチーズケーキを食べた時、心からそう思った。そして両親の顔が思い浮かんだ。最後の一口を食べ終わる前に、こんなにおいしいものを両親にも食べさせたいと思った。おいしいものは世界中にたくさんあるが、食べている時だけでなく、食べた後もおいしさが心の中にあり続ける、このような料理はそうそう出合えるものではない。生きてきていろいろとあった辛いことを、たった一口ですべて帳消しにしてくれるおいしさとでもいおうか。そしてまた、別格の美しさに目を見張る。焼いてくれた人の生き方と取り組みが目によく見える最高級のチーズケーキである。チーズと、グラハムクラッカー、砂糖、バターのみで焼いているという。

67

〈アメリカン・オプティカル〉のジャズ

マサチューセッツ州ブリムフィールドのアンティークショーは、全米一の規模を誇っている。GKという名のバイヤーと出会った。シャツの前後に「AO eyeglass JAZZ」と書いた布を貼り付けて歩いていた。「JAZZを探しているの？」と聞くと、「クライアントの為にかれこれ２年間探している。世界中の眼鏡デザイナーからオーダーを受けてるんだ」と言って笑った。「デッドストックを？」「ユーズドは見つかるかもしれないけれど、50年前のデッドストックは無理だろう。みんな探しているからな。もし見つけたら、その足でパリへ飛んで大金で売り払って豪遊できるさ。フランス人はいくらでも出す」「見つかるといいね」と言って別れた。60年代に生産された名作ジャズ。その優美で繊細なデザインを超えるフレームは未だ現れていない。

68

マーティン0-45（1926）

マーティンギターは1920年代から30年代が黄金期と呼ばれている。腕の良い職人と良質な材料が揃った時代だった。マーティン0-45は、1920年代から製作された小ぶりなボディのモデルで、ジョーン・バエズが愛用していたことで有名だ。愛用する1926年製の0-45は僅か19本しか生産されていない。サイドバックは希少なハカランダ材が使われ、贅沢なアバロン貝の装飾が施され、あたかも工芸品のようなギターに仕上がっている。0-45の透明感のあるサウンドと、きらめくような高音は、さすが戦前のビンテージマーティンを表している。０は一番小さなボディのサイズを表し、45は最高の材料と技術を使った最高峰モデルに与えられるモデル番号である。僕の目下の夢は、ギターの上手いおじいさんになることだ。毎日練習に励んでいる。

69

山のアルファベット

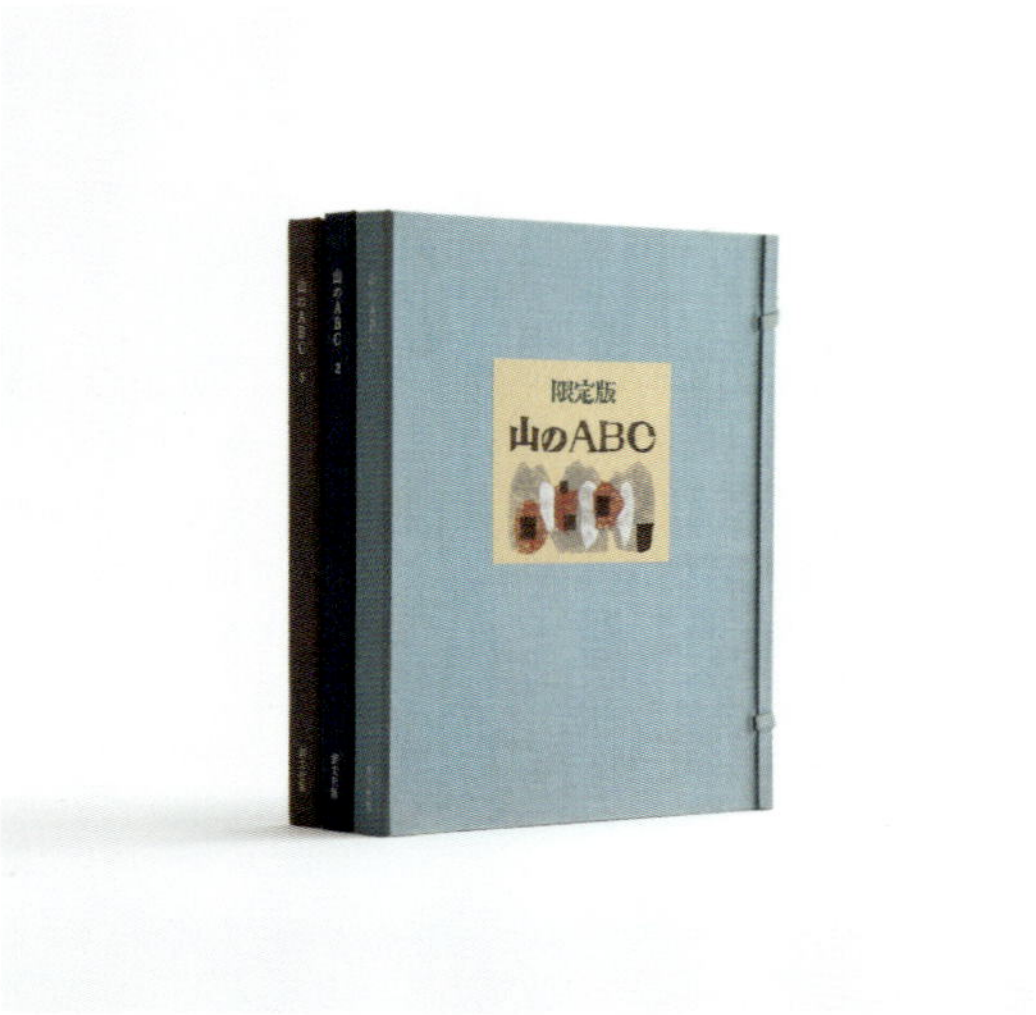

『山のABC』限定本全３冊揃いは、山頂に咲く一輪の花のようだ。畦地梅太郎、内田耕作、尾崎喜八、串田孫一、深田久弥という、錚錚たる人達が腕を振るって作ったビジュアルブックである。「見て下さればすぐにお分りになるだろうと思いますが、山の事典ではありません。事典の役目をすることもかなりあるとは思いますけれど、山のさまざまの事柄を覚えていただくための本ではありません。一頁一頁、写真や絵を眺めて下さりながら、また文章を読んで頂きながら、あなたの山を想い出していただくように作ったものです」と後書きに串田孫一さんは書いている。付録がすごい。畦地さんや、辻まことさん、串田さんの版画。内田さんのプリントなどと豪華である。ここで値段に触れるのは無粋だが古書相場80万円。その価値は当然と言えよう。

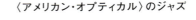

70

〈マリネッラ〉のセッテピエゲ

セッテピエゲとは、芯地を用いずに、生地の7つ折りで作られるクラシックネクタイの製法である。ネクタイは本来スカーフから生まれたとされているが、セッテピエゲのネクタイは、スカーフの風合いを残した手作りの味わいが魅力となっている。中でもナポリのマリネッラが有名だ。結ぶというよりも巻くという感覚が正しいだろうか。セッテピエゲのネクタイは結び方に慣れがいる。どうしてもノットが大きくなり、セッテピエゲ独特のふわっとした結びがむつかしいのだ。しかし、結べたときの美しさは一度知ると癖になるだろう。クラシックネクタイは幅が広いからジャケットの選択に注意したい。ラペル幅とのバランスを見計らうように。ネクタイの保管は吊るすよりも、一つひとつ丸めるほうが型崩れしないというのは、父に教わった。

71

〈ロックポート・テクノロジーズ〉のアヴィオール

ほんとうに美しい音とは、見えないものを見えるようにするちからがある。アメリカ・メイン州のハイエンドオーディオメーカー、ロックポート・テクノロジーズのアヴィオールの前に立った時にそう思った。アヴィオールは、独自のカーボンファイバーサンドイッチ構造のコーン振動板を採用した広帯域再生を狙ったモデル。ハイエンドスピーカーの評価は、高解像度と音楽性とされるが、この2つの基準は1つのスピーカーでは両立できないという。しかし、創業者でチーフデザイナーのアンドリュー・ペイヤーは、この矛盾と言われる2つの基準の、両立と共存を目指した。ロックポート・テクノロジーズの思想と情熱は、音楽性が豊かで解像度の高いスピーカーに注がれている。ぜひフーベルマンのチャイコフスキーをアヴィオールで聴きたい。

72

チャールズ・ムーアの「シーランチ・コンドミニアム」

男は自分だけの避難場所を持っているほうがいい。隠れ家とでも言おうか。そこに行けば誰にも邪魔されずに疲れや傷みを静かに癒やすことができる場所。もし自分が行方不明になったら、きっとそこにいるからと家族や友人に告げておくとしたらどこを選ぶのか。僕にとってその場所はチャールズ・ムーアが設計したコンドミニアム、シーランチだろう。自分勝手なことを言っているのはわかっている。サンフランシスコから車でおよそ3時間。海岸線の先にシーランチはある。太平洋と大地と空、そして宿泊する木造の十戸と椅子以外何もない。しかし、そこにはすべてがあるとも言える。行くか行かないかの問題ではなく、心の中だけにでも、自分だけの避難場所を持っているというのは、何かあった時の計り知れない底ぢからになる。本当に。

73

川田喜久治の『地図』

会いたい人の名前を書いたノートがある。土門拳がポートレートを撮りたい人の名前を、部屋の壁に書き連ね、撮影が果たされたら線で消していく姿を古い雑誌の記事で見て、その真似をした。会いたい人の名前の一番先に写真家の川田喜久治と書かれている。氏は80歳を超えた頃だろうか。会いたい人に会うのはどうしたらよいか。まずは自分が何者であるかを知ってもらうための手紙を送る。決して急がず、一度に済まそうとせず待つ。長くもなく短くもない手紙で何度かやりとりをした上で、なぜ会いたいのか自分の思いを簡潔に書く。手紙は魔法である。そうすれば会いたい人に必ず会える。僕はずっとそうしてきた。会えていないのは、まだ手紙を書いていないからだ。ただそれだけである。手紙はそう軽々しく書けるものではないんだ。

74

チャールズ・サイクスの「ニーリング・レディ」

ロールス・ロイスを見て、惚れ惚れするのは、その豪華な車体ではなく、イギリスの彫刻家チャールズ・サイクスによるカーマスコットである。ロールス・ロイスのカーマスコットには、いくつかのバリエーションがある。よく知られているのは、両手を羽根のように広げている「フライング・レディ」だ。僕が好きなのは僅かな数だけ製作された「ニーリング・レディ」という膝をついたタイプ。薄着のフライング・レディに代わって、アラブの貴族からのクレームに応じて製作された肌の露出を抑えたものである。特に30年代のものは、サイクスの工房でロストワックス鋳造によって一つひとつ製作されていた希少な逸品だ。ちなみに、エリザベス女王専用車に装着されているのもニーリング・レディである。美しい彫刻作品として鑑賞したい。

75

〈ウィンザー&ニュートン〉の水彩道具

旅行には、必ずウィンザー&ニュートンの水彩道具を持っていく。筆は「シリーズ7」の太さ違いを3本。絵の具は自分で選んだ固形の34色。旅先から友人に送る葉書の余白に、おいしかった料理や、買ったガラクタなどの絵を描いたり、時間があればじっくりと景色を描いたりしている。ウィンザー&ニュートンの絵の具は一つひとつの色がほんとうに美しい。混ぜ合わせて色を作る必要がないのがいい。旅行の度に少しずつ絵の具を買い足して増やしてきた。木製の絵の具箱の内側には、34色すべてを筆で塗った白い小さな紙を貼っている。こうしておけば、どの色を使おうかと迷うことはない。固形絵の具から色を想像するのはむつかしいからだ。絵を描く時に一番好きな色は黄色である。僕は4種類の黄色を使っている。

(76)

グリーン&グリーンの「ギャンブル邸」

1900年初頭に活躍したアメリカのアーツ＆クラフツ運動の中心的建築家のグリーン兄弟。アメリカ西海岸で活躍し、バークレーなどによく見られる、木造のバンガロー住宅に影響を与え、1908年に建てたL.A.のギャンブル邸は木造建築の最高傑作と言われている。グリーン兄弟が「予算は？」と聞くと、施主は「予算はなし」と答えたという逸話がある。だからといって豪華絢爛というわけではない。グリーン兄弟は手仕事の職人の技を極めることで、建築を芸術にまで高めることを目指した。彼らが最も影響を受けたのは、日本の木造建築の有機的な美しさであった。特筆すべきはふんだんに使われたチーク、マホガニー、メープル、オークなど、銘木の高級な無垢材である。グリーン兄弟が設計した家具も素晴らしい。

(77)

〈フライ〉のシャツ

いつしかフライのシャツが自分の仕事着になっている。シャツ生地の宝石と言われるCARLO RIVA社の厳選されたファブリックは、素肌に着た時の心地良さを物語っている。手作業によるカッティングも素晴らしく、特に袖付け部分の縫製の風合い、襟作りは専門の職人が手がけるなど、工芸品に近い味と完成度と、クオリティに満ちている。襟羽根ステッチの美しさには感動すら覚える。それでいてあくまでも普遍的なシャツであることが仕事着として嬉しい。しかしながらシャツは消耗品である。特に白いシャツの寿命は短い。年に１度のまとめ買いの出費に頭を悩ませるが、それがまた仕事への意欲をかき立ててくれる。贅沢と思うか、必要な消費と思うか、人それぞれ自由だが、真新しいフライのシャツのちからは必ず仕事に現れる。

(78)

ポール・セザンヌの「カード遊びをする人々」

世界で最も高価な絵画である。２億5,000万ドル以上と言われている。同じ人間が描いた一枚の油絵の値段である。こういう事実をどう捉えるか。僕はいつも思うのだが、高価なものにはそれなりの理由がある。そんな理由を自分と関係無いと言ってしまうのは少々寂しいものだ。理由は必ずある。その理由を知るにはどうしたらよいか。買うのが一番である。買って身近に置いて、一緒に暮らしてみると、買った者の特権として、理由という名の秘密が必ず明かされる。その秘密の価値を、値段以上のものと思うかどうかは、それぞれの価値観次第であるが、結局ものを手に入れるということは、純粋な好奇心以外の何物でもなく、値段の大小はあるが、それはとても健全な学びであると僕は思っている。「カード遊びをする人々」を僕は買いたい。

79 高村光太郎の「詩とは不可避なり」

高村光太郎の言葉を座右に置いて生きている。花巻の山口小学校に贈った「正直親切」という直筆の書がある。「正直親切は当たり前だが、大切なこと。正直でないと信用されない。親切はいつでもどこでも大切なこと」と言い、高村光太郎は「正直親切」を校訓として贈った。「正直親切」の漢字の下には「しょうじきしんせつ」と読み仮名が書かれていた。この読み仮名を見た時、涙が自然と流れた。その日を境に僕は、「正直親切」を自分の生きる指針としようと決め、大きく生まれ変わった。高村光太郎の言葉はそんなふうに僕を変え、生きる力を与えてくれた。書道家の武田双雲さんにそんな話をすると「高村光太郎さんの字というのは、書道家から見ても、まったく歯がたたないというか、なんてことない字ですが、とにかく人間味のある美しい字なんです。僕も高村光太郎さんの字は好きです」と言った。ここに「詩とは不可避なり」の色紙がある。「しとはふかひなり」。印は斉《せい》白石《はくせき》刻の「光」。これは高村光太郎が最も愛する詞であった。このたった8文字に高村光太郎のすべてがあるように思えて、僕はただただ見つめるばかりだ。この字には、ゆるぎのない真理、無駄な飾りのない悠々とした表現、そして崇高さに満ちた、自然で柔和な高村自身の存在が佇んでいる。そして、その存在が僕を啓発してくれている。花巻の太田中学校には、「心はいつでもあたらしく毎日何かしらを発見する」という高村光太郎が贈った言葉もある。

80 名も無きベースボールシャツ

着古されたフランネルのベースボールシャツは、誰にも教えなかったニューヨークのチャイナタウンの古着屋の倉庫で見つけたものだ。もう15年も前のことで数年前に訪れてみると古着屋は無くなっていた。シャツは1940年代のもので〈Monfort Athletic Equipment Corp〉というメーカーのタグがついている。味わいのある手縫いの縫製が時代を物語っている。僕はこのシャツを着るわけでもなく、ずっと宝もののように大切にしてきた。見れば見るほどに不思議な愛おしさが湧いてくるのだ。バーガンディ色のフェルトで縫い付けられた「PATTERSON」というレターと「4」の背番号。きっと草野球チームの少年が着たものであろう。彼はどんなプレーをしたのだろうか、ポジションはショートかな、打順はおそらく2番、打率はまあまあの二割三分かな。ハンガーにかけたシャツをぼんやり眺めてはこんな空想ばかりをしている。そう、あたかも一冊の本を読むように、いや、本よりもこのシャツは雄弁かもしれない。ボタンがひとつ無いのは、きっと激しくヘッドスライディングをした時に外れたのかもしれない。その日はプレーを両親にほめられたに違いない。僕は今、旅の計画を立てている。行く先はニューヨークの北にあるPATTERSON。人口およそ11,000人の古くて小さな町だ。そうだ、野球場を探してみよう。僕の旅はいつもこんな取るに足りないきっかけで始まる。ベースボールシャツが僕を旅に誘っている。

81 〈イデミ スギノ〉のエベレスト

もう15年近く付き合いをしている88歳の男友だちがいる。手紙をくれたことが付き合いのはじまりだった。エッセイを読んでくれて、ぜひ一度、旅の話や、身の回りのモノの話をしたい、お茶でもしましょうと誘ってくれたのが縁になった。友だちとは三カ月に一度の割合で会うようになった。友だちは会うたび僕においしいお菓子の手土産をくれた。僕も負けじと手土産を持っていくようになり、毎回プレゼント交換をする関係になった。ある日、「どうしても手土産にできないから一緒に食べに行こう」と、京橋の〈イデミ スギノ〉に連れていってくれた。「ここではこれですよ」と友だちは言って、エベレストという、とびきりおいしいケーキを一緒に食べた。最初の一口目の衝撃は今でも忘れられない。フランボワーズとローストアーモンドが載った、生チーズのムースの溶けるような口あたりは初体験だった。友だちは満面の笑みを浮かべた。それから僕らは〈イデミ スギノ〉でエベレストをときおり一緒に食べるようになった。三年前、友人は体調を崩し、入院することになり、僕らは会うことが自然と少なくなった。ある日、入院先から手紙が届いた。そこには、自分を気にせずに一人でエベレストを食べに行ってください、と書いてあった。それから一年後、友だちは旅立った。僕は今エベレストを一人で食べている。テーブルの向かいの席は、荷物を置くことをせず、いつも誰が来ても座れるように空けている。

82 ロレックスの「ポール・ニューマン」

二十歳の頃、知人宅の物置を片付ける仕事を手伝っていると、丸い箱の中から、真っ白のテンガロンハットを発見した。真夏の暑い日だった。僕は日除けによいと思い、テンガロンハットを被って作業を続けた。テンガロンハットを被っている僕を見た知人は「おー、そこにあったのか！」と声を上げた。どうやら、テンガロンハットは、随分昔にポール・ニューマン本人からプレゼントされたもので、彼とお揃いのものだと言う。びっくりした僕は、被っていたテンガロンハットを脱いで、勝手に被ったことを謝った。知人は大笑いして許してくれた。その時に「時計も彼とお揃いなんだ。レース用なんだよ」と言って見せてくれたのが、ロレックスの手巻きデイトナだった。メカニックとして知られた知人は、カーレースに出場したポール・ニューマンをサポートした縁で知り合ったらしい。知人はテンガロンハットを被り、ジーンズの前ポケットに親指を入れて、にっこりと笑い、「ポール・ニューマンは、こんなふうにして立っていたんだよ」と真似して見せた。「真っ白のテンガロンハットにデイトナかあ」と、いつか僕も同じ格好をしたいと思った。そんな大人の男のかっこよさに心底憧れた。手巻きデイトナのエキゾチックダイヤルは、ポール・ニューマンモデルと言われ、男の一流品の極みに位置している。僕にとっては、テンガロンハットとセット。いつかの夢である。しかし、ポール・ニューマンとは、なんてかっこいい大人なんだろう。

83

〈榛原〉のうちは

いつしか、夏の暑さが厳しい日本になった。毎年、熱中症で倒れる人が増えている。しかし、エアコンが苦手な人も少なくないだろう。自分もその一人だ。部屋には、除湿機を置き、エアコンはできるだけ弱くして過ごしている。それでもじわっと汗をかく日がある。そんな時に重宝するのがうちわだ。うちわは、日本橋の〈榛原《はいばら》〉の「大満月うちわ」を愛用している。江戸時代のベストセラー本『江戸買物独案内』でも紹介されている型絵染のうちわだ。なんといっても、風のやわらかさがたまらない。丈夫で軽いのも魅力だ。うちわは何でもよいと思いがちだが、これ程までに、風に違いがあると、他のうちわを使う気にはならない。真夏には売り切れてしまうから、早めの買物をおすすめする。夏の贈りものにも選びたい。

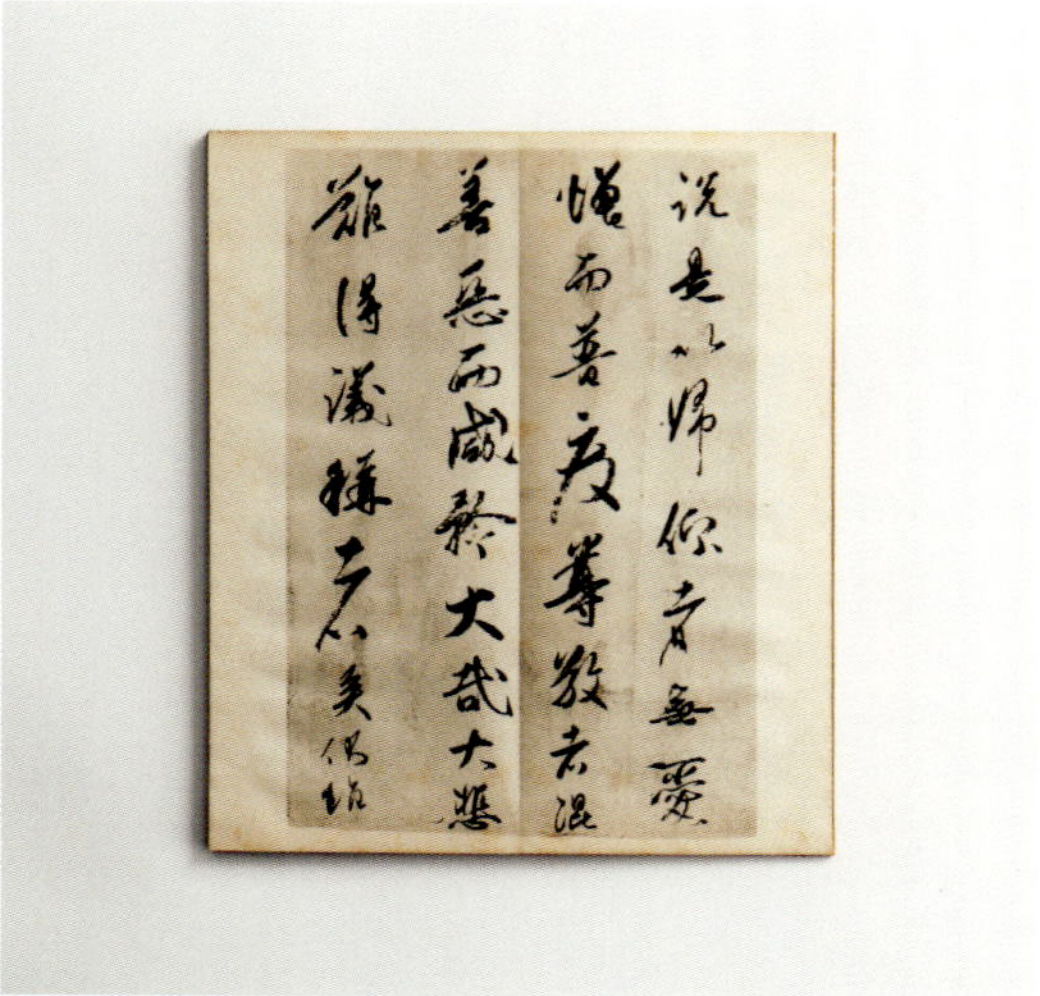

84

橘逸勢の『伊都内親王願文』

書に興味を持ったのは、書家としても知られた北大路魯山人がきっかけだ。小島政二郎の名著『食いしん坊』の中に、魯山人の家の床の間に、橘逸勢《たちばなのはやなり》の書が飾られているのを見た小島政二郎が、こうやって見てみると、嵯峨天皇、空海、逸勢という三筆の中では、逸勢が一番好きだというくだりがあった。それを読んだ僕は、逸勢の『伊都内親《いとないしん》王願文《のうがんもん》』と、空海の『風信帖《ふうしんじょう》』と見比べたくなった。ちょうどその頃、東京国立博物館の「空海と密教美術展」で、空海の書いた『風信帖』をはじめて見た。書の最高峰と言われる国宝である。素人が言うにはおこがましいが、やはり空海よりも逸勢のほうが段違いに好きに思えた。抜群のセンスを逸勢から感じる。魯山人を真似て「伊都内親王願文」の写しを部屋に飾っている。

85

シュタイフのテディベア

1920年代のシュタイフ社の丹精込めて手作りされたテディベアのクォリティは目を見張るものがある。ニューヨークのアンティーク・ショーで出会ったディーラーから買い求めたシュタイフ社のテディベアがある。モヘアの色は珍しいブルーだった。お決まりの左耳のFFボタンから見ると、20〜30年代製だった。値段がトップクラスだったが、一目惚れしてしまい、どうしても欲しくて、かなり無理をして手に入れた。そのテディベアは確かElliotという名前が付いていた。そのテディベアは今サンフランシスコの友人宅で暮らしている。どうしても養子にしたいと申し出があったからだ。季節ごとに彼から届く、しあわせそうな写真をいつも楽しみにしている。そんな最近、Elliotの兄弟のようなブラウンモヘアのテディベアに出会った。

86

〈マトファー〉のジャムボール

毎日、料理をする日々が楽しい。何が楽しいのかというと、料理とは意思決定の連続であり、そのトライ・アンド・エラーな結果が、おいしさという味なり、見た目にあらわれ、場合によっては、その料理を誰かに食べてもらえて、「おいしい」なんて言われたりするからだ。ジャム作りにはまっている。春のいちごにはじまり、ブルーベリー、あんず、りんご、というように、一年を通じて楽しめるのもいい。ジャムは必ず瓶に詰めるので、人にプレゼントできるのもいい。ジャム用の銅鍋が欲しいと思った時、ジャムボールという専用鍋があることを知った。僕はフランスの老舗料理道具メーカー〈マトファー〉社のジャムボールを選んだ。水分の蒸発性が高い作りになっている。腕をもっと鍛えて、趣味がジャム作りと言える男になりたい。

87

和光のチョコレートパフェ

「甘いものはお好きなんですか？」とよく聞かれる。「大好きです」と答える。すると「どんなものがお好きで？」と聞かれる。この返事がなかなかむつかしい。好きな甘いものを挙げたら両手を使っても足りない。とはいえ、一番好きな甘いものを口にするには気恥ずかしさがある。「チョコレートパフェが好き」とは言いにくい。銀座・和光のティーサロンのチョコレートパフェは、いつも一人で食べに行く。チョコレートでこしらえたコサージュの美しさが目に眩しい。フランベしたバナナの入った、他では味わえぬバニラアイスは絶品だ。アクセントになったナッツとチョコレートチップの食感は癖になる。そんなチョコレートパフェの王様に、僕は月に一度会いに行く。王様はいつも堂々としている。男のおやつだ。

88

大紅袍

中国茶の最高峰とされる大紅袍《だいこうほう》。福建省北部の武夷山《ぶいさん》の岩場で育つ、樹齢300年を超える四本の茶木で採れる伝説のお茶として知られている。山深い山中にある、この四本の茶木には、寝泊まりする番人がいるらしい。以前、同じ種類の武夷岩茶の鉄羅漢というお茶を飲んだことがある。そのお茶を分けてくれた人が言うには、味は大紅袍とほぼ同じらしい。香ばしい甘さに酔いしれた。「大紅袍だと思って飲もう」と言って盛り上がった。中国茶は、知れば知るほど奥が深く、様々なストーリーが潜んでいて、ほんとうに面白い。と書いている矢先に、台湾の友人から、大紅袍が手に入ったとメールがあった。原木の茶葉らしい。「飲みに来い。早く」とある。僕は行こうか行くまいかを迷っている。もし本物だったらとひるんでしまっている。

89 MOTOBIのカフェレーサー

黄色のドゥカッティ250 DESMOが、仕事場近くに停まっていて、ひと目ぼれした。僕は持ち主が現れるまでそこで待った。乗り心地や魅力を聞きたかったからだ。すると、持ち主らしき人が現れた。挨拶をし、バイクの話を聞きたいと言うと、気軽に応じてくれた。彼はイタリアン・クラシックレーサーの魅力をたっぷり聞かせてくれた上で、「DESMOもいいですけど、実はMOTOBIが欲しいんですよね」と言った。MOTOBIというバイクメーカーの名を知らなかった僕は、その名を忘れないように記憶した。それから数ヶ月経ったある日、DESMOの持ち主から、やっとMOTOBIを手に入れました、と連絡があった。MOTOBI 200 SPRITEというモデルらしい。僕は早速見に行った。200ccといえど、車体はかなり小ぶりで、なにより横向きのエンジンシリンダーが特徴的だった。彼曰く、こうすることで風がよく当たり、エンジンの冷却に優れているらしい。たまご型のシリンダーヘッドも個性的だった。音を聞いてくださいと言って、彼はエンジンをかけた。軽やかな単気筒エンジンは、まさにイタリアン・クラシックレーサーの醍醐味だった。「MOTOBIには、50年代のMSDSというレース用モデルがあり、実はそれが一番かっこいい」と彼は言った。それからというもの、僕はガソリンタンクを抱くように身体を丸くして走るカフェレーサーにずっと憧れている。トランスポーターに載せて、景色の美しいワインディングロードへ行くのを夢みている。

90 成田理俊のフライパン

鍛鉄作家、成田理俊《たかよし》さんとの出会いは、8年くらい前になるだろうか。ある日、麻布十番から西麻布に抜ける大隅坂あたりをぶらぶら歩いていたら、とある雑居ビルの入り口に置かれた小さな看板に目が止まった。看板には作家の個展らしきことが書いてあった。何気なしに覗いてみようと思った。それが成田さんの東京での最初の個展だったというのは後から知った。その時僕は、小さい燭台を買った。燭台は、フライパンのミニチュアのようなカタチをしていて、とてもすてきだった。はにかむような成田さんの笑顔も記憶に残った。それから随分経ってから、成田さんがフライパンを作るようになったことをどこかの雑誌の記事で僕は知った。そこにはたった一人で、フライパンをひとつひとつ叩いて作る姿があった。フライパンを見ると、僕の持っている燭台をそのまま大きくした姿形があり、成田さんが成田さんらしくいることに、僕は嬉しくなった。昔、成田さんは抽象画を描いていた。鉄をコークスで熱すると、まるでキャンバスに抽象画を描いているようだと彼は微笑んだ。今、僕は毎日料理をしている。オムレツ、パンケーキなど何かしらの料理で、毎日、成田さんのフライパンを使っている。フライパンでもあるが、器でもあるのが、成田さんのフライパンだ。料理していると、なぜこんなに楽しいのだろうかといつも思う。フライパンを成田さんのように友だちだと感じるからだろう。何かを焼きながら、フライパンに話しかける自分がいる。

91 浦野理一の角帯

父は普段着が着物だった。亡くなった時、贔屓にしていた髙島屋の「上品會」で買った着物がどっさり遺された。「すべて弥太郎に」と形見として貰い受けた。父の思い出といえば、いつも着物の匂いがついてまわる。夏になると父は、黄八丈の男物をよく着ていた。一緒に出かけると、「すてきな着物ですね」と、誰からも声をかけられて、父は機嫌よくしていた。黄色い着物を着ている男の人なんて、普段見たことがないから、僕は気恥ずかしかった。心の中では、「出かけるなら、紺を着ればいいのに」と思っていた。着物好きの父にそんなこと言えるはずがなかった。着物を着る習慣もないし、こんなにたくさんの着物は保管も大変だから、父の知人に引き取ってもらうことにした。大島紬や結城紬など古いものばかりだが、皆、喜んで引き取ってくれた。とはいえ、父の好きだった黄八丈と塩沢紬、何本かの角帯だけは、他人の手に渡るのがなんとなく残念に思い、手元に残した。そんな矢先、〈バー・ラジオ〉の尾崎浩司さんと話していたら、浦野理一の名前が挙がり、父の形見の着物のことを思い出した。父の初盆に、黄八丈を直して、着てみよう、帯は、浦野理一の角帯がいい。父が着物のぜいたくをしていたのは、50代だった。僕は今そんな歳になろうとしている。「日本で織った帯なのに、イギリスあたりのハイカラなタータンチェックみたいで、どうだ、洒落ているだろう」。父のそんな声が聞こえてきそうだ。果たして僕に着こなすことはできるだろうか。

92　アレキサンダー・カルダーのブローチ

初めてニューヨークを訪れた際に〈STRAND BOOK STORE〉のセール棚で見つけた、表紙にライオンの絵がある『FABLES OF AESOP』という本がある。確か5ドルで、挿絵が、アレキサンダー・カルダーだった。有名なモビール作品より先に、一筆書きのドローイングから、僕は彫刻家のカルダーの名を知った。ひと目でカルダーを大好きになった僕は、作品が見られるなら、どこにでも出かけるようになり、一気にカルダーマニアになった。カルダーを知ることで、30年代から40年代にかけて、彼と交流のあったミロやシャガール、ジョージア・オキーフといったアーティストのことも好きになった。ホイットニー美術館で行われた回顧展に展示された、夫婦で手作り人形の動物やピエロをあやつって、声を上げたり、音楽を鳴らしたりした『カルダーのサーカス』の映像は、毎日通うほど目が釘付けになった。熊のような風体でありながら、無邪気な子どものようなカルダーが、僕は本当に大好きだった。カルダーにはたくさんの作品があるけれど、一番好きなのは、アクセサリーだ。好きな人のためだけに手作りしていたブローチやブレスレット、ネックレスなどはカルダーの作風すべてを包括している。どれかひとつと言われたら、晩年のオキーフが常に身につけていた、一筆書きで「OK」と書かれたブローチが欲しい。ブローチを、横ではなく、縦につけているオキーフも洒落ているが、こんな手作りのプレゼントをもらったらどんなに嬉しいのだろう。

93

〈白木屋〉のねこ柳

　最初は半信半疑で使ってみた〈白木屋〉のまな板だった。ねこ柳を選んだのも好奇心からだった。使ってみると、自分の選択が間違っていなかったことを知った。庖丁の刃の当たりが柔らかで、耳に入る音が心地良い。吉田弘さんが一人で営む〈白木屋〉は京都の福知山市にある。ねこ柳のまな板を作るには七年かかると聞いて驚いた。厳選した但馬と丹後の木だけを使っていて、年月をかけて乾燥させても、まな板として使えるのは2割程度だという。手入れをすれば、25年くらいは使えると聞いて、僕は一生使おうと思った。吉田弘さんには後継者がいないので、〈白木屋〉のまな板が、いつまで買えるかはわからない。やっぱりまな板は木がいい。手入れは塩洗いがよいらしい。

94

立原道造のヒアシンスハウス

　相当に夢見がちで、わがままで、自分勝手だから、男というのは手に負えない。たとえば、週末に一人きりになれる小屋が欲しいなんて、どの口が言うのかと、くちびるをつまんでやりたくなることを、平気で言うからたまらない。ちなみに僕にとっての小屋の理想は、詩人の立原道造が設計をしたヒアシンスハウスだ。存分に思索にふけり、憩いのひとときを過ごすための詩人が考えた簡素な小住宅だ。わずか24歳で逝去した立原道造。ヒアシンスハウスは、建てられることなく、設計図とスケッチだけが残された。それが2004年、立原道造を愛する有志の手によって建てられた。五坪足らずの小屋には、ベッドと机だけが置かれ、自分の在宅を知らせる旗台が立っている。旗は遠くからも見えるらしい。

95

〈桜製作所〉の仏壇

　昔、実家の自分の部屋に仏壇があった。仏壇には、ご先祖さまの位牌が置かれ、いつも花を飾り、お菓子や季節の果物を置き、朝と晩に焼香をするのが習慣で、仏壇の掃除も担当だった。そういう部屋で寝起きしていたので、自分の部屋に仏壇があるのが自然で、ないのが不自然だった。実家にあるような大きなものではなく、コンパクトでデザインがシンプルな仏壇を探してみたら、ジョージ・ナカシマで知られる桜製作所に行き着いた。ご先祖さまの位牌は実家にあるが、二匹の猫の位牌を納めることにした。父や祖父の写真も置いた。毎日、焼香し、花も飾っている。寝起きする部屋に、仏壇がある暮らしが、僕には嬉しい。朝は、行ってきます。夜は、報告と感謝をする。ただそれだけのことだが、無くてはならない習慣なのだ。

96

水丸さんの『日々』

ちょうど僕が『日々の100』という本を書いた頃だ。カウブックスで、リトルプレスフェアというイベントを行った際、安西水丸さんに展示するための手作り本の依頼をした。すると、「松浦さんの『日々の100』みたいな本を作りたかったんです。だから僕も作りました。100ではないので、ただの『日々』です」と安西さんは、手書きの本を二冊作ってくれた。「どうぞこの本は持っていてください」と安西さんは照れ臭そうに言った。絵と文で構成された、手描きの『日々』は、安西さんの自伝のような一冊だった。載っているモノは僕も好きなモノばかりで、文章は、あまりにまっすぐで儚《はかな》い。「こういうのが一番楽しいんですよ」。安西さんのそんな声が聞こえてくる。

97

相州だるま

だるまと言えば、明治初期から、平塚や厚木、小田原などで作られ続けた「相州《そうしゅう》だるま」である。今や現存しているのは平塚の四軒だけらしい。だるまのいのちは何か。顔であるのは間違いないが、大きくても小さくてもだめな、ちょうどいい、目の大きさである。そして、目の周りの金色の縁取りである。ここに腕を振るっていないだるまは、目を入れたときの顔にがっかりする。相州だるまは、目を入れた時にその良さがよくわかるから安心だ。人が何かに挑み始めた時、福だるまを贈ることにしている。だるまは、祈願するときに左目に目を入れる。願い事や目標が達成できたら右目に目を入れる。とはいえ、選挙の時はなぜか右目から目を入れるらしい。転んでも必ず起き上がる七転八起が、福をたっぷりと呼ぶ。

98

川端道喜の粽

御所に儀式用の餅をおさめる家業からはじまり、500年を超える歳月を歴史に持つ〈川端道喜《どうき》〉の粽《ちまき》が使う京都洛北の笹は、非常に香りよい珍しい笹だ。笹で吉野葛を包んで蒸すと粽になるが、「川端道喜」では、包んだ粽をていねいに湯がくことに真骨頂がある。ひとつひとつの仕事のこだわりは、今や芸術品とも言える道喜粽のいのちの支えになっている。道喜粽は、5本で一束になっている。これを二束立てて置くと、不思議と手を合わせたくなる。そのくらいに神々しい姿がある。新しいことを始める時、必ず道喜粽を食べる。厄除けになるからだ。笹で巻かれた粽をほどく時、500年という月日を思い浮かべる。感謝の気持ちが、自然と湧いて手が止まる。一口一口大切に食べる。京都の真髄ここにあり。

99 〈アディダス〉のカントリー

アディダスのカントリーが好きだ。どこから見ても、非の打ち所がないデザインと機能美に溢れている。初期のフランス製なら尚更いい。笑われそうだが、飾って眺めたいとさえ思う。カントリーくらい、すてきに履くのが、むつかしいスニーカーはない。まず、幅広の足ではだめだ。紐をきゅっと締めて、細身であることが大切。細身であるということは、足元にボリュームが無いということ。であれば、全体的にスリムな着こなしが要求される。体型も選ばれる。そうだ、足も長いほうがいい。頭も小さく。要するに八頭身。かなりむつかしい。「40歳を過ぎて、カントリーを大人っぽく履きこなせる男になりたい」と友人に言うと、「少し前、イタリア人は、アルマーニを着こなすために身体を鍛えると聞いたことがあるけれど、それと同じだね。カントリーを履くために身体を作るってことか」と、友人は笑った。歳を取ると、男の服装は、スポーツ系の楽なほうに進みがちで、それはすなわち、MENではなくBOYな装いになっていく傾向がある。エレガンスとかトラディショナル、上質という言葉を信奉するつもりはないが、せめて身だしなみのどこかに引き締まりがあって欲しい。カントリーをすてきに履きこなすには、まだまだだが、決してあきらめてはいない。あ、そうだ、あきらめないというのが、男の大切である。何かをあきらめた時が定年退職、と聞いたことがある。カントリーを颯爽と履き、背筋をまっすぐに伸ばして、僕は歩いてゆきたい。

100　アヴェドンの「Dovima with elephants」

本屋は、ヴィンテージマガジンを専門に販売したのがはじまりだった。アメリカにおいて、雑誌黄金期といわれた30年代、そして、写真とファッションの融合の極まりを見せた50年代、中でもその絶頂期である、55年の『VOGUE』、『Harper's BAZAAR』のクォリティに、どれほど驚かされ、多くを学んだかはわからない。『VOGUE』のアレクサンダー・リーバーマンとアーヴィング・ペン。『Harper's BAZAAR』のアレクセイ・ブロドヴィッチとリチャード・アヴェドンという、アートディレクターと写真家のコンビが生み出す、１ページ１ページの真剣勝負。そんな時代の彼らの仕事に羨望しつつ、穴が開くほど見入る自分がいた。1955年８月号の『Harper's BAZAAR』に掲載された「Dovima with elephants」。トップモデルのDovimaが、ディオールのドレスをまとい、三頭の象とたわむれる６ページ特集だ。それまでの僕は、どちらかというと、『VOGUE』派というか、ペンの静かな写真が好きだった。しかし、この写真を見てからは、アヴェドン一辺倒になってしまった。B&Wのグレートーンを最大限に生かした色彩世界に、ドレスの優雅なシルエットとドレープ、モデルのポーズ、象の無邪気な表情が、まるで美しい動画を見ているようだ。アヴェドンの極みは、オリジナルプリントの完成度にもある。プリントでしか見えないものが見えている。すごい。我が家の家宝である。部屋の一番よく見える場所に飾っている。

手から手へ。ホームスパンをつなぐ旅。

一流品カタログの56番「蟻川工房のホームスパン」。手紡ぎ、手織りで羊毛から作った生地で、世界に一着だけのジャケットを仕立てる。盛岡と横浜の2つの手仕事をつなぐ、ある考えがあった。

ホームスパンという言葉の響きは、やわらかくてあったかい。「家庭」と「手紡ぎ」という二つの言葉が合わさった、なんてすてきな名前だろうと思う。日本の民藝運動において、ホームスパンが担ってきたのは、常に工夫と改良を重ねた、手紡ぎ、染め、織りという、すべてが人の手による確かな技術の中にあらわれる美しい人間味であろう。仕上がったウールの豊潤な風合いは、人が人のために、丹精こめて作った心の様がはっきりと見てわかる。〈蟻川工房〉の蟻川喜久子さんとは二度お会いしたことがあった。蟻川さんから手仕事のお話を聞いた僕は、いつかホームスパンを注文しようと心に決めていた。そして、みんながびっくりするような、誰にも負けないすてきなホームスパンのジャケットを作ろうと夢を見ていた。僕のホームスパンのジャケットは、あたかも一軒の家を建てるように作られていった。

（松浦弥太郎）

盛岡

ホームスパンを織る〈蟻川工房〉にて。木製の織り機に立てた、紺色の糸一本一本が美しい。羊の原毛を染めて糸を作り、ジャケットを仕立てるための服地を織る。丹念な手仕事によるものだ。

横浜

〈蟻川工房〉の手を離れること約2ヵ月、横浜の〈テーラーグランド〉で一着のジャケットが仕上がる。体にぴたりと寄り添う、世界にたった一着のジャケットだ。着心地はとても晴れやか。

盛岡

着るほどに育む布、ホームスパンを訪ねて。

本数と間隔を計算した後、縦糸と横糸が織り機にゆったり立てられる。その糸を手足でリズムよく織る伊藤聖子さん。方法は原始織物とほぼ変わらないそうだ。

右／蟻川喜久子さんは織り手の伊藤聖子さんを全面的にバックアップする。「手の仕事をする人には思想が必要だと思います。どう考えて作るのか、ここがとても重要です」。左／今回の取材では１日目に織り、翌日に仕上げ（縮絨《しゅくじゅう》）を見せていただいた。

松浦弥太郎さんには憧れの服があった。志賀直哉、武者小路実篤といった白樺派のメンバーや濱田庄司、河井寛次郎など民藝運動の先人がこぞって愛した「ホームスパン」である。ホームスパンはスコットランドを発祥とする毛織物の一種で、ホーム（自宅）でスパン（糸を紡ぐ）することからその名がついた、ツイードの一種である。明治の初め頃に日本に伝わり、コートやジャケットなど主に外套用の高級素材として北海道や東北など寒冷地に広く伝わった。温かく厚手で丈夫な生地は、20年、30年と着続けることができるヘビーデューティな素材だ。手紡ぎと手織りが生む、まさに日本の一流品といえよう。

「文京区にあった〈立原道造記念館〉に飾ってあるのを目にして、ずっと憧れていました。

初回の打ち合わせは１月下旬、鎌倉の〈もやい工藝〉にて代表の久野恵一さんと。グレーか紺かに迷った末、数ある生地見本の中から「鉄紺・７番」に決めた。

＊久野恵一さんは2015年４月25日にご逝去されました。心よりご冥福をお祈りいたします。

右／天然染料と化学染料それぞれのチャートを使い色の配合について教えていただく。データは実験と検証が作り出した工房の財産だ。
左／45年前からのお手製マシンで糸をよる。

作業場は蟻川さんの自宅の1階。長い年月が生んだ、風合いのある工房だ。

脂と汚れを落とした後の羊毛。今回の布は「チェビオット」というイギリスの羊毛を使っている。

織り上がった布は湯の中で足踏みし、糸をフェルト化させる。糸同士が定着し布になる。

初めはフェルトかと思っていたらホームスパンだという。日本にもこんなにいい服地があるのなら、いつか自分の服を仕立てて、その良さを知りたい。それを伝えたいと考えていました」（松浦さん）

東北の民藝運動とも深く関わりのあるホームスパン。今回、松浦さんは親交のある鎌倉の民藝店〈もやい工藝〉の久野恵一さんをたよりに、岩手県盛岡市の〈蟻川工房〉へ生地を依頼した。そこでできた布を、後日別のテーラーへ持ち込みジャケットを仕立てようと考えている。ホームスパンはまず羊の原毛を先染めし、糸を紡ぎ、それを手織りする。「織りが始まった」と連絡を受けたのは、依頼から2ヵ月半後の4月上旬。一着のジャケットをめぐる長い旅である。

〈蟻川工房〉は昭和初期から民藝運動に賛同し東北にホームスパンを広めた、染織家・及川全三さんの流れをくむ。昭和40年に故・蟻川紘直《ひろなお》さんが設立し、これまでに30人以上の弟子を育てた。現在は紘直さんの妻・喜久子さんと織り手の伊藤聖子さん2人が運営する。マフラーなどの小物だけでなく服地も手がける、数少ない貴重なホームスパン工房だ。

工房を訪ねると、松浦さんがオーダーした生地「鉄紺・7番」が木機で織られていた。この生地は縦糸を紺、横糸を黒で織る杉綾織り、つまりヘリンボーンだ。一見、黒に見えるものの角度や日の当たり方によって、紺が浮かび上がる。〈もやい工藝〉で見た見本帳以来の再会だが、松浦さんの感想は「とても上品」。蟻川さんの言葉を借りると「無地極上」な生地だ。今回のジャケット一着に必要な生地のサイズは、4メートル×80センチ。これを織るのに縦糸３０９４メートル、横糸６０００メートルが必要という。そう約9キロメートルもだ。織りは一気に行われるが、原毛から糸を作るまで「集中しても約20日」

左／工房を始めた蟻川紘直さん。右／喜久子さんとホームスパンのコート。「丈夫だし着るほどに艶が出ますから、どんどん着た方がいいんです」。

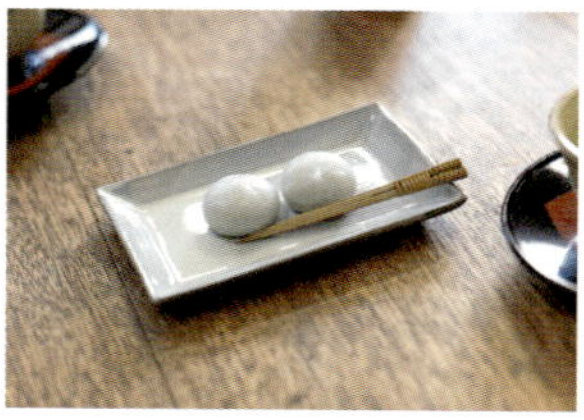

右／たくさんの資料や見本を見せていただき学びの時間。取材には〈もやい工藝〉の久野さんにも同行いただいた。下／盛岡名物「ごま擂り団子」。とてもおいしい。

蟻川工房

1965年に蟻川紘直が設立した、盛岡のホームスパン工房。紘直さんの母親・福田ハレさんは、染織家・及川全三さんの弟子であった。マフラー、ネクタイなどの小物から服地まで幅広く制作する。服地は1メートル4万円～。蟻川工房の小物は鎌倉〈もやい工藝〉をはじめ、盛岡の光原社など数ヵ所で取り扱いあり。生地についての問い合わせ／もやい工藝☎0467・22・1822

はかかる。まさにじっくりと時間をかける手仕事の極みである。

「羊毛にはたくさんの種類がありますが、紳士物のジャケットは粗くて弾力性のある太番手を使います。原毛についた脂や汚れを取り、練りモノゲンで手洗いする。赤ちゃんを洗うように、大事に大事に洗います」（蟻川さん）

かつては天然染料で染めた時代もあったそうだが、長い間着ているとどうしても褪色が進む。ホームスパンは20年も30年も使われる生地。風合いを取るか堅牢度を取るか。色落ちがないもの、責任持って長く使えるものをよしと考え、現在は化学染料を使う。

「化学染料は色の膨らみが少ないと思われがちですが、それをいかに染毛をミックスして出すかが腕の見せどころです。パレットの絵の具のように染めた毛同士を混毛し、色の厚みを作り出す。ここが面白いんです。単色は織る面白さが薄くて。松浦さんが選ばれた生地もミックスでよかった（笑）」（蟻川さん）

一方、織り手の伊藤さんはいい仕立てに出会えないことを憂慮する。「いい生地を織ってもその先がなかなかつながらない」のが現状だ。今回、松浦さんはジャケットを作る。その先をつなげていくためにも、20年、30年と愛着を持ち続けることができる、とびきりの一着が必要なのだ。それは新しい指針、新しい価値観にもつながる。

「手作りの物は皆そうですが、使うほどに良くなり、美しさが増す。その素晴らしさをもっと知ってほしいと思っています。ホームスパンは機械織りと違って、着ていくうちに馴染んで艶が出る。〝着るほどによくなる〟ジャケットなんです。ホームスパンは高級な素材だけれど、糸の一本一本から人の手が作る。毎日、何十年も着続ければ、決して高くはないんです。心と手と時間をかけて作る一流品なんです」（松浦さん）

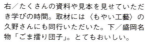

横浜

オーダーメイド、それはあなたのための服。

うっとりするくらい、硬派に使い込まれた裁ちバサミ。ホームスパンをリズムよくカットする。

上／採寸して作った型紙に合わせてチャコで印を付ける。柔らかなホームスパンの生地だからこそ、一つ一つ丁寧に。左／代表の長谷井孝紀さん。いつもビシッとしている。

〈蟻川工房〉から届いた「鉄紺・7番」のロールは、見た目にも、実際にも、思っていたより「軽やか」だった。空気をはらんだ布と表現すればいいのか、原毛から時間をかけて人の手が織り上げた柔らかな「ゆとり」が、布に記憶されているのだ。光に透かすと不均等なやさしい糸の動きが見える。そこに人を感じると言ったらいいだろうか。この生地で、何十年も着続けることができるジャケットを作ろう。とっておきの松浦モデルを。

生地をゆだねる先は、横浜・山下町の〈テーラーグランド〉に決まった。長谷井孝紀さん率いるオーダー専門のテーラーだ。横浜中華街からすぐの1930年代に建てられた古い建物の一室にあり、もともとは外国人向け

下／仮縫いの期日まで間もなく、ホームスパンがようやくジャケットの形に。あとは腕を付けるのみ。右下／すっすっと迷いなく縫い付けていく。左／仮縫いのチェックのため、初めて試着をする瞬間。この日は〈フライ〉のシャツ、〈マリネッラ〉のセッテピエゲという出で立ち。こういうスタイルで着るだろうという服装で来るようにと、長谷井さんからのお願いがあった。

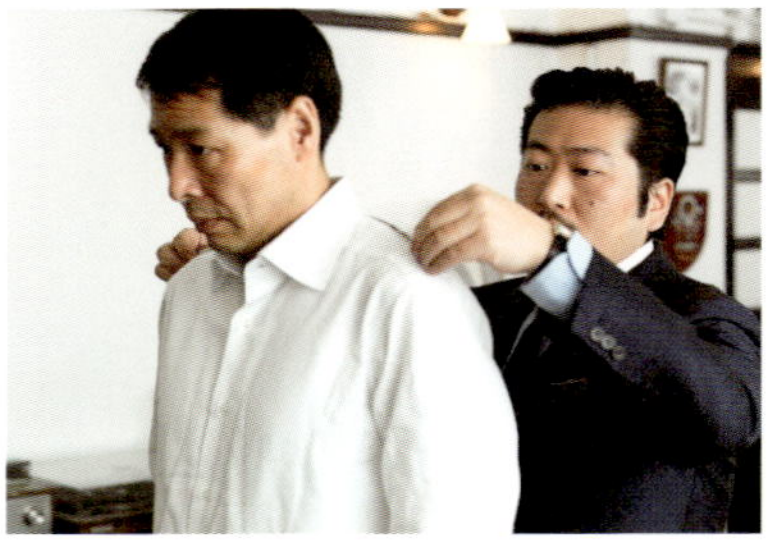

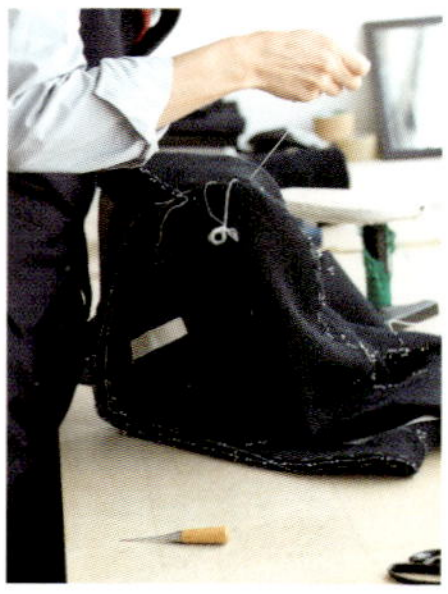

上／初回の採寸時の風景。長谷井さんはインチ表記のメジャーを使う。その方が程よい値が出せるという。1/8インチで約3ミリ。下／後日、慎重に少しずつハサミを入れていく。

の長期滞在アパート。歴史的建造物にも指定され、モダンでハイカラ、古き良き時代の余韻を残している。

「表情が豊かな生地ですね。ハリスツイードより柔らかいのかな？　僕らは、普段は欧米の生地を使うことが多いので、日本独特の風合いやいい意味で女性らしい柔らかさを感じますね」とは、長谷井さんの初見の感想だ。ホームスパンが北国で使われてきた素材であること、いまや服地を織る工房が減ってしまったこと、この素材だからこそモダンなジャケットに仕立てたいこと、松浦さんはこれまでの流れを熱心に伝える。

ジャケットが完成するまでには、まず体のサイズを採寸、それを基にして型紙を作り生地を裁断する。後日仮縫いしたジャケットを試着しチェック、さらに修正したものを試着し、ＯＫならば完成となる。2〜3週間おきに数度、横浜を訪ねる予定だ。

「普段からジャケットとネクタイをするほうですが、今回は楽に着ることができて、それでも相手に失礼のないような一着を作りたいと考えています」（松浦さん）

「考え方は、カーディガンに近いんでしょうね。ふわっと羽織れて心地いいもの。フルオーダーでゼロから作りますから、その方のためだけの服になりますよ」（長谷井さん）

長谷井さんによると、松浦さんはややいかり肩で左肩上がり。腕の長さは左右で6ミリ違い、バストとヒップが同寸の「スタイルのいい」体形だそうだ。アームの太さや襟の位置、胸のポケット、肩パッド、裏地、後ろのベント、袖のボタン……と、採寸と細部の確認を繰り返して、ジャケットの輪郭が少しずつ浮かび上がってくる。

「面白いですね（笑）。オーダーは、共同作業ですね。そのためには普段自分が着て気に入っている服のディテールを、言語化する必

これが松浦モデル。「着れば着るほどよくなりますよ。こういう生地は」（長谷井さん）

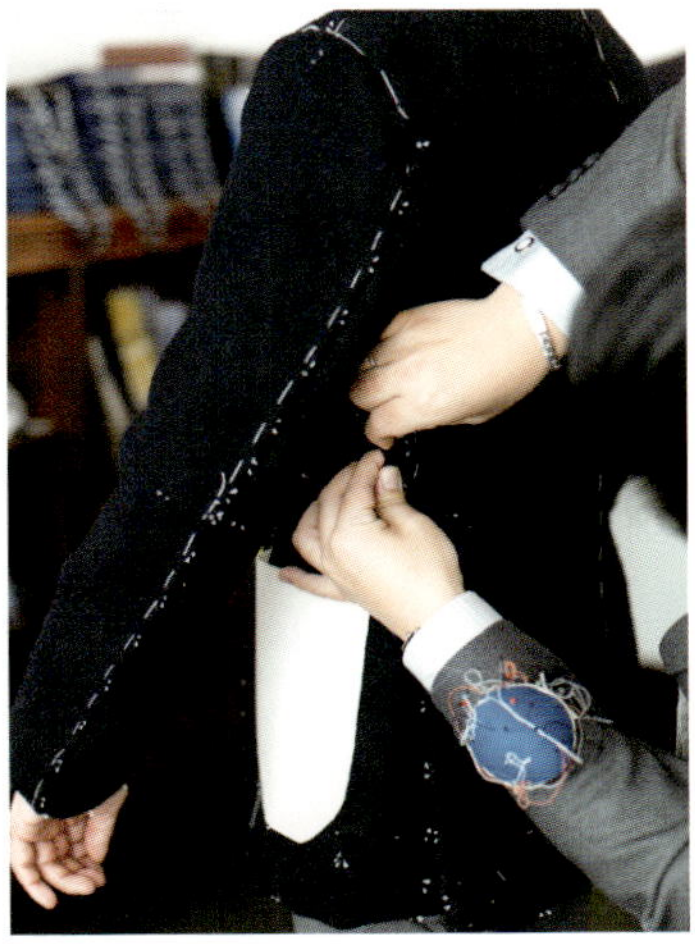

仮縫いの確認でさらにウエスト、アームを詰めることになった。弾力のある生地だからこそ可能。

テーラーグランド

代表の長谷井孝紀さんのオーダー専門のテーラー。スーツはツーピース19万5000円〜、スリーピースは24万7000円〜（スタンダードクラス／料金は使用する素材などによる）。生地を持ち込む場合は別途相談のこと。●神奈川県横浜市中区山下町25 インペリアルビル301 ☎045・681・7050。12時〜19時。日曜休。http://tailorgrand.com/index.html

要がある。自分のライフスタイルや行動を客観視する面白さもあります」（松浦さん）

「その人にとっての納得のいくものは、その人の中にあると思っていますから、たくさん話をします。こんな映画や音楽が好き、そういうピースを集めてこれがベストですよと提案するのが僕らの仕事です。ここはそのためのサロンですね」（長谷井さん）

採寸に費やした時間は約2時間。そのうち大半はジェームズ・ボンドやら『ゴッドファーザー』やら、マニアックな紳士服絡みの会話が続く。これも、立派な作業の一つなのだ（余談だが、長谷井さんはかなりの『ゴッドファーザー』フリークだ）。

3週間後の仮縫いでは、実際にジャケットを着ての細かい調整が続く。肩の入り、ボタンの位置、着丈は後ろを少し短く、襟は少し細く。長谷井さんはハリスツイードよりも柔らかいこの生地に、微妙に手を焼いているようにも感じられる。それでも一つ一つ調整してクリアする手さばきは実に見事だ。

「体の線ギリギリまで詰められるのはこの素材ならではですね。生地に膨らみがありますから。ホームスパンは体にフィットしたニットだと言える気もします」（長谷井さん）

袖裏はブルーのストライプ生地に、袖口のボタンはネイビーのナットボタン15ミリ、内ポケットはなし、胸ポケットは浅め……2人が会話をするたびに、ディテールが決まる。

3週間後、念願のジャケットが完成した。松浦さんによれば「ボタンを留めた時に、キュッとする」細身のジャケットに仕上がった。体に沿うフォルムが美しい。いまはまっさら、これからどれだけ馴染んでいくのだろう。糸作りから、ほぼ機械が介在していない、手仕事による大人の男のジャケットだ。完成まで約5ヵ月。一生の一着、これから何年着ることになるのだろうか。

安西水丸さんの『日々』。

イラストレーターの故・安西水丸さんからの贈り物『日々』。一流品カタログの96番としたとびきりの宝物のうち一冊を、特別に紹介します。なんと素敵に軽やかなんでしょう。

子供のころから
いろいろと集める
のが好きだった
今も変らない

MIZU

スノードームは一九六九年に[redacted]ニューヨークで暮しはじめた時から求めはじめた

mizu

こけしは
秋田の木地山系の
小椋久太郎さんの
作るこけしが好きだ
かなしい顔をしている

mizu

貯金箱はいい
いつも十円玉を入れ
ている
すぐに　いっぱいになる

mizu

何となく怪獣に
はまってしまった
サザーンを見つけて
やめた

MIZU

久米の泥人形はいい
岸川留代さんの
絵つけがいい
福助の変な顔がいい

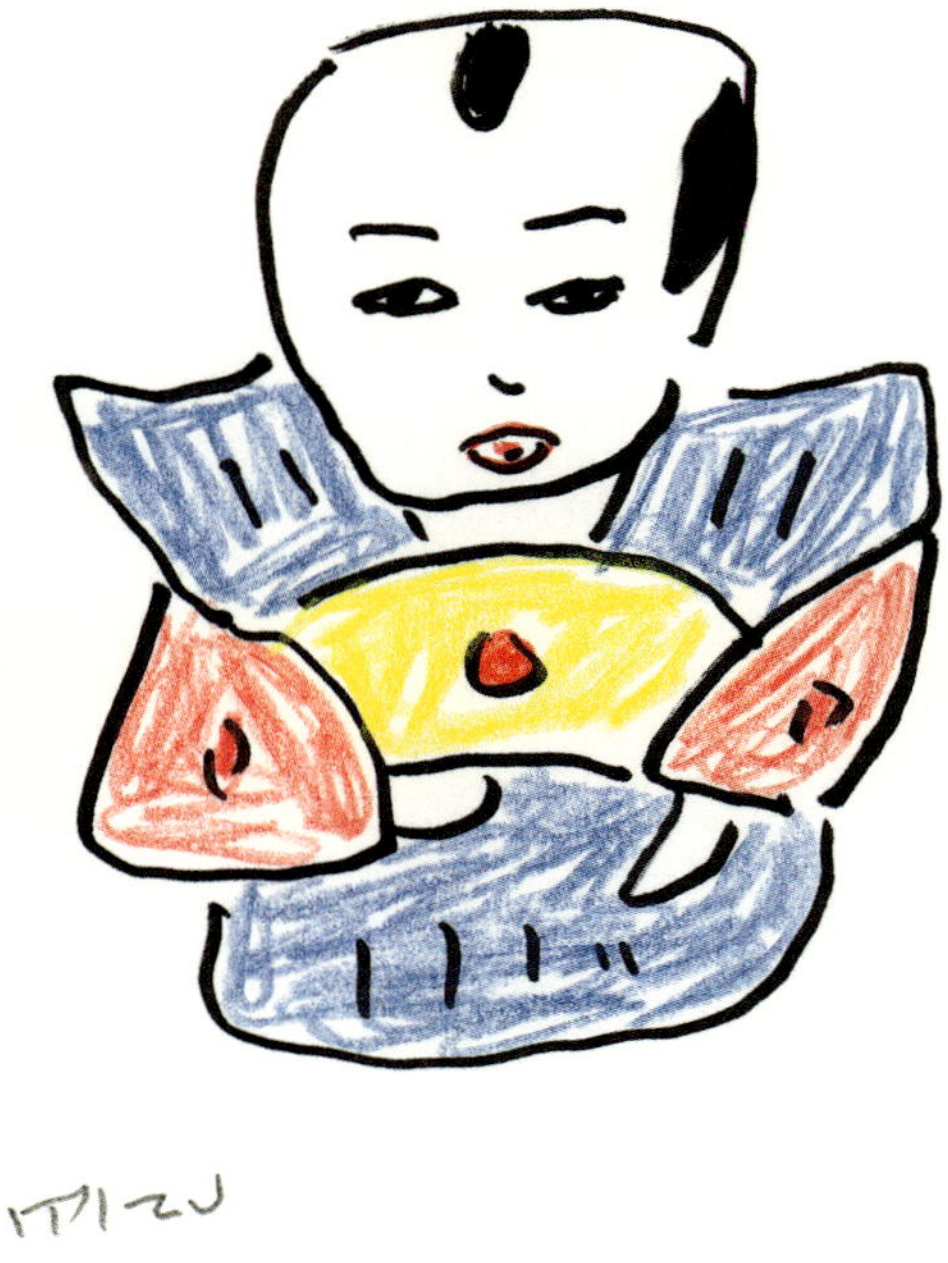

灯台のある場所が
好きだ
灯台に住みたい

Mizumaru Anzai

1942年東京都生まれ。イラストレーター、作家。日本大学藝術学部美術学科を卒業。電通、NYのスタジオ〈ADAC〉、平凡社のアートディレクターを務め、フリーに。装丁、絵本、エッセイ、小説など作品多数。雑誌『ガロ』には『青の時代』など漫画作品も発表。村上春樹との共著に『村上朝日堂』シリーズ。元日本スノードーム協会会長、カレーライス協会会長。日本酒〈〆張鶴〉をこよなく愛した。2014年3月逝去。＊『日々』1冊より、内容を抜粋して紹介しています。

もっと一流品を知るために。

01

メルセデスがF1に初参戦した1954年から２年限り活躍した名車。タイヤを覆う流線形ボディのタイプも含めて、14台が造られた。史上最高額で落札されたのは、シャーシ番号「196 010 00006/54」。M196直列８気筒2.5ℓエンジン搭載、最高出力290馬力。

02 ★

ハンス・ウェグナー（1914～2007）が1950年にデザインしたオリジナルはゲタマ社より《GE225》として発表。2000年、PPモブラー社が《PP225》としてより現代的な技術で復刻した。現行品は1,251,000円～（スカンジナビアンリビング☎03・5789・2885）。

03

ペルシャ絨毯の最高峰、イランの〈マスミ工房〉の逸品。１cm四方の中に100本以上の絹糸を結び込む超絶技巧で緻密な図柄を生み出す。糸はカスピ海沿岸の地、ラシット産のシルクを天然染料のみで染めたもの。参考商品（TJ Carpet Gallery☎03・3354・4443）。

04

北大路魯山人（1883～1959）の「蟹絵マル平向」。最晩年の展覧会のポスターや図録の表紙を飾った蟹絵の平向は、魯山人の代表作の一つ。浅い皿形の織部向付に、蟹が鉄絵で描かれている。昭和30年代。直径約18cm。６枚組（水戸忠交易☎03・3239・0845）。

05

1891創業のフランス老舗靴ブランドによる重厚な一足。通常のアウターソール１枚の上にミッドソールをさらに１枚重ねている。《サントノーレ ダービー ダブルソール》オーシャンブルー（限定色）129,000円（J.M. WESTON AOYAMA☎03・6805・1691）。

06

ジェニーとは、「カーティスJN-4型郵便飛行機」の愛称。米国初の航空便切手として1918年に発売、エラーシートは販売１週間後に15,000ドルの値を付けた。2005年に270万ドル（約３億1,000万円）で落札されたのは、耳紙に版番号の入った４枚ブロック。

07

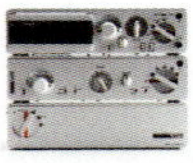

クデルスキー社のオーディオ部門は2012年〈Audio Technology Switzerland〉に。プリアンプ《JAZZ》1,694,000円～、プリ機能付きCDプレーヤー《CDC》2,284,000円、フォノイコライザーアンプ《VPS》906,000円（太陽インターナショナル☎03・6225・2777）。

08 ★

1851年、サミュエル・スミスが設立した〈スミス〉社は、当初スイスに懐中時計を発注、英国で販売した。20世紀に入って自動車や航空機の計器製造に進出、ミニ、MG、ジャガーなどに計器類を供給。ハイテク産業の雄となった1970年代に時計事業から撤退した。

09

米国に生まれた建築家ジョージ・ナカシマ（1905～1990）の家具はペンシルヴェニア州ニューホープの工房と、ナカシマ自身が指導した香川県高松市の桜製作所だけで製作されている。《CN116 アームチェア》240,000円（桜ショップ銀座店☎03・3547・8118）。

10

日本語で書かれた、フランス古典料理の研究書。フランス料理研究の大家、辻静雄（1933～1993）の代表作。縦36.4cm、厚さ10cmの豪華本で、盛り付けや食卓配置の詳細な図版を、観音開きや四つ折り大判紙で展開（協力／辻調理師専門学校☎06・6629・0206）。

11 ★

Ｊ・Ｄ・サリンジャーが1951年に発表した名作の、原書初版本。NYの少年ホールデンの３日間の彷徨譚で、邦題は『ライ麦畑でつかまえて』。装丁はNYのイラストレーター、Ｅ・マイケル・ミッチェル。サリンジャーが隠遁生活中も唯一書簡を送り続けた相手。

12

福沢諭吉門下生で、国内有数のコレクターとしても著名な経済学者、高橋誠一郎の浮世絵コレクションより。江戸中期の名優・鰕蔵（五代目団十郎）を描いた東洲斎写楽の作。「市川鰕蔵の竹村定之進」。版元は蔦屋重三郎。36.6×24.8cm。慶應義塾所蔵。複製禁止。

13 ★

KLMのビジネス（当初はファースト）クラス利用者に1952年から配布されている。アンネ・フランクの家などオランダに現存する家の形をしており、中身は〈ボルス〉のジン。新作が毎年追加され、現在95種類。ほかVIPや新婚旅行客用スペシャルバージョンも。

14 ★

300年の歴史を持ち、バーナード・リーチが愛したことでも知られる、大分県日田市の民陶・小鹿田焼。その名工で「民藝の至宝」と呼ばれた坂本茂木（2010年に引退）のふくよかな大湯呑み。文様は、ろくろを蹴りながら刻みを入れる「飛びかんな」。

15 ★

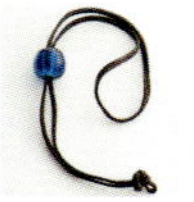

85歳の現役吹きガラス職人、小谷眞三のガラス玉。1964年、倉敷民藝館長の依頼で「日常的に使える手仕事のグラス」を作り始めて以来、「倉敷ガラス」の名で活動を続けている。深く鮮やかな青色は〝小谷ブルー〟と呼ばれ、ファンの間でも特に人気が高い。

16

1957年に一時モータースポーツから撤退したジャガーが、Ｄタイプの未使用シャーシを使い製造。マックイーンはほかにポルシェ、フェラーリなどのレースカーやスポーツカーを複数所有した。直列６気筒3.4ℓエンジン搭載、最高出力250馬力、最高時速290km。

17

眼視観測はもちろん、システムアップすることにより、鮮明な星像を一眼レフカメラでそのまま撮影することができる。写真はＳ鏡筒、EM-200 Temma 2M赤道儀、メタル三脚SEのセット《TOA-130NSST2MM》1,237,200円（高橋製作所☎03・3966・9491）。

18 ★

『小学三年生』正月特大号ふろく、昭和27年１月１日発行とあり作画は山根一二三。小学３年生の渡辺昇少年は千葉県の千倉でこの号を手に入れ、イラストレーターへの憧れを抱いたのだろうか。2014年３月19日、安西水丸さん逝去。享年71歳。

19 ★

ホームズ研究の国際的権威、長沼弘毅。1961年出版の『シャーロック・ホームズの知恵』（朝日新聞社）、62年『シャーロック・ホームズの世界』（文藝春秋新社）以降、全９冊を上梓。このうちの５冊は、表紙などの装幀を伊丹一三が手がけている。

20

明治初期から昭和にかけて活躍した陶芸家、板谷波山の鳩杖。持ち手は戦前が鋳物、戦後は白磁で製作。杖には、狂いにくい南洋の木を用いた。「鳩は食物を喉に詰まらせない」という中国故事から考案された。個人蔵（協力／泉屋博古館分館☎03・5777・8600）。

21

光沢や保温性に優れた上質素材を贅沢に使った〈インペリアルプラザ〉のカシミヤニットブランケット。カシミヤ100%。シングルサイズ150×210cm。カラーは、写真のベージュ、グレー、イエロー含め全12色。各80,000円（東京西川☎03・3664・3964）。

22 ★

「ベルトは消耗品と思っていたのですが、エルメスのものは消耗しない。使うほどに、オールドではなくヴィンテージになるんです」と松浦さん。ベルトの正しい位置、５つ穴の３つ目で留めた時のバランスが、抜群に美しいことを知ったのもエルメスからだった。

23 ★

映画『バットマン・フォーエヴァー』などに出演した俳優としても知られるデザイナー、グレッグ・ローレンが、2011年にNYで立ち上げたブランド。主にヴィンテージ素材をベースにした服は、オールハンドクラフト。http://www.greglauren.com

24

1927年の大西洋単独無着陸飛行より５年前、リンドバーグはカーティスJN-4に乗る曲芸飛行士だった。「逆さのジェニー」を実演したのだろうか。〈米国立航空宇宙博物館〉に展示中。Independence Ave. at 6th St., SW Washington, DC☎(1)202・633・2214。

25 ★

生涯を故郷・広島で過ごした詩人、木下夕爾（1914～1965）の詩『ひばりのす』は、55年刊の『児童詩集』に収録。写真は同詩も収められた『定本木下夕爾全集』。詩集篇と句集篇の２冊組で66年牧羊社刊。序文は井伏鱒二。没後の67年に読売文学賞受賞。

★がついた品は松浦弥太郎さんの私物です。商品の価格は2015年８月時点の本体価格です。

26

建築家アルヴァ・アアルト（1898～1976）が1933年にロンドンで開催された展覧会で発表し、35年に共同設立したアルテック社で量産化。「L-レッグ」と呼ばれるアアルト独自の曲げ木技法が特徴。現行品は19,000円～（アルテック ジャパン☎03・6447・4981）。

27

引退後修復され1957年よりイギリスのグリニッジで一般公開。船内では船の歴史なども展示されている。Cutty Sark／King William Walk, Greenwich, London SE10 9HT☎(44)20・8858・4422。10時～17時。無休。入館料13.5ポンド。http://www.rmg.co.uk

28

大正時代の大工〝江戸熊〟が手に入れた、名人・千代鶴是秀の鑿。江戸熊が亡くなった後、娘の手から是秀の知人を経て、竹中大工道具館へ引き継がれた。日本で唯一という大工道具の博物館〈竹中大工道具館〉で見ることができる（☎078・242・0216）。

29

★

東北の山奥に自生する山ブドウの蔓の、梅雨時にだけ採取できる皮を剥いで乾燥させ、なめしたものを手編みする。写真の籠が作られたのは山形の月山。この地方で農作業に使われる籠「腰はけご」を原型とし、改良と工夫を重ねて誕生した形だという。

30

1986年、カリフォルニアのナパに設立された〈スクリーミング・イーグル〉。世界でも最も入手困難なカルトワインで、パーカーポイント100点を４度獲得。「カベルネ・ソーヴィニヨン ナパ・ヴァレー」2012年（ワイン・イン・スタイル☎03・5212・2271）。

31

★

ローリングスのルーツは1877年から革製グローブを製造していたジョージ＆アルフレッド・ローリングス兄弟が、セントルイスで1887年に開業した運動用具店。野球用品を続々と開発、1977年よりMLB公式球サプライヤー。星野がこだわったウェブも同社の発明。

32

★

ジープを製造していたウィリス・オーバーランド社を1953年に買収したカイザー・ジープ社が、自動車産業から撤退する70年まで製造。ワゴン、コンバーチブル、トラックなど多種多様なボディで一般需要を拡大。写真は工場出荷時の記録用ファクトリーフォト。

33

初めて宇宙空間で使われたカメラは、1962年マーキュリー８号で地球を６周したハッセルブラッド500Cだった。以来NASAとの共同開発は進み、69年のアポロ11号月面着陸用にハッセルブラッドEDCが開発された。M・ライト『フル・ムーン』に貴重な記録多数。

34

1873年に登場し、主に西海岸で流通していた501®が1950年代中頃から東海岸でも販売開始された際に企画された細身のジッパーモデル。コーン社製赤耳デニム使用。《501® Z XX-1954ジッパーモデル》30,780円（リーバイス® ダブルエックス☎03・6418・5501）。

35

デンマーク家具デザインの巨匠、フィン・ユールが1945年に発表した肘掛け椅子。年代により製作工房が異なり、NVの型番を持つ〈ニールス・ボッダー〉工房製は稀少。写真はチーク材。幅69×奥行78×高さ82.5・座高37cm（ルカスカンジナビア☎03・3535・3235）。

36

★

1965年に伊丹十三（当時は一三）が発表。初版本は文藝春秋新社刊。装幀や挿絵も伊丹本人。タイトルは作家の山口瞳。「この本を読んでニヤッと笑ったら、あなたは本格派で、しかもちょっと変なヒトです」の惹句も山口。現行版は新潮文庫／562円。

37

ダ・ヴィンチ晩年の研究ノート。革装で、18枚の紙の両面を使った全72ページ。1717年に英国貴族レスター卿が購入。その後、米国石油王ハマー、ビル・ゲイツと大富豪の元を渡り歩く。いちばん最後の紙葉には「空はなぜ青いのか？」という考察が書かれている。

38

★

人の足の形そのままのような〈マレースペースシューズ〉の靴は、サンフランシスコ北部に住む親子によるハンドメイド。スペースとは〝人それぞれの足の空間〟を指す。ブーツのほか普段使いできるシンプルな靴やサンダルも手がけている。

39

英国Ａ・アダムス社が発売した《マイネックス・トロピカル》は、熱で変形しないように８年間乾燥したマホガニーやチーク材を使った、仕上げの美しさも稀少だった。後世のライカや一眼レフが採用した先進的機構も搭載している（早田カメラ☎03・3841・5824）。

40

ポール・ケアホルム（1929～1980）が59年にデザイン。１人掛けは１辺76cmの立方体に収まり、その半分の高さに座面がある。張地は革、ベースはマットクローム・スプリングスチール。《PK31/3》3,972,000円～（フリッツ・ハンセン日本支社☎03・5778・3100）。

41

彫刻のような独創的作品で知られるイギリスの陶芸家、ハンス・コパー（1920～1981）。ルーシー・リーにろくろ挽きの才能を見出されて以来、生涯にわたり親交を深めた。「ゴブレット花生」長径９×高さ14cm。1960年代後半（水戸忠交易☎03・3239・0845）。

42

★

1944年、氷の塊を運ぶため誕生。24オンスキャンバス地を使用し、現在も自社工場で製造。写真は、私物。現行品は《ボート・アンド・トート・バッグ、オープン・トップ》エキストラ・ラージ8,900円（L.L.Beanカスタマーサービスセンター☎0120・81・2200）。

43

室町時代後期に創業した和菓子の老舗〈とらや〉の赤飯。和菓子と同じ小豆を使用した逸品。10月から５月のみの特別注文品で、化粧箱入り１号（2.5合／500ｇ）1,950円など。３日前までに要予約（とらや・ご注文承りセンター☎0120・45・4121）。

44

ポーランド出身のブロニスラフ・フーベルマン（1882～1947）。SPレコード「チャイコフスキー ヴァイオリン協奏曲 ニ長調／メロディ（４枚組）」。指揮はスタインバーグ。在庫がない場合もあり。10,080円（税込み）（ストレイト・レコーズ☎06・6315・1231）。

45

★

ヴィンテージのコットンスカーフだけど、なぜかバンダナのコレクションブックの表紙に選ばれてもいる。サイズは一番使いやすい65×65cmで、バンダナとほぼ同じである。端が縫われていないのもいい。松浦さんはカウボーイ柄のテーブルクロスも持っている。

46

1924年にジョージ・ブラフが設計、最高時速100マイルを保証するスーパースポーツ、というコンセプトより、「SS100」と命名。１ℓエンジンで最高出力45馬力、ギアボックスは３段。40年まで１台ごとに顧客の要望に応じ、ハンドメイドで製造された。

47

黒田辰秋は、民藝運動にも参加した京都の漆芸家・木工家。人間国宝。写真の「朱漆六稜棗」は昭和40年代の作で、川端康成が愛用した逸品。東京ステーションギャラリーでの『川端康成コレクション展』ほか、展覧会時のみ公開される。川端康成記念会所蔵。

48

★

ニューバランスのフラッグシップモデルとして2012年登場。軽量で心地よいクッションのミッドソール、安定性を高めるカーボンファイバーなどがおごられている。松浦さんのダークグレーは製造終了。再発売が待ち遠しいニューバランスの名品のひとつ。

49

17世紀フランスバロック音楽の作曲家、マルカントワーヌ・シャルパンティエ。劇的な宗教曲を多く残す。代表曲は「聖母被昇天ミサ曲」（真夜中のミサ曲）。本文中の〝スターバト・マーテル〟は13世紀カトリック聖歌詩で、多くの作曲家が曲をつけている。

50

★

モロッコ山岳地帯の遊牧民ベルベル人によって始められた、伝統的なウールラグ。1960～70年代に作られたものが多いが、状態のよいヴィンテージは稀少。黒や茶の糸で簡素な柄が描かれるのが定番。例えばダイヤ柄には〝家を守る〟という意味がある。

51

全20面にわたる「安晩帖」より「鱖魚」。魚を上目遣いの白眼で描くなど大胆な描写で時代を切り拓いた。1694年。紙本墨画淡彩。31.7×27.5cm。泉屋博古館所蔵。展覧会の企画に応じて公開される（京都府京都市左京区鹿ケ谷下宮ノ前町24☎075・771・6411）。

52

1704年に英ヨークシャーに渡り、ダーレー家所有の種牡馬となった。サラブレッド三大始祖の一頭であり、1764年に生まれた直系の競走馬エクリプスが18戦全勝の成績を残し、種牡馬としても成功。以降競馬界でのダーレー・アラビアン系の支配が決定的となった。

53

バウハウス在職中のブロイヤーが1925年に発表した《B3》（ワシリーチェア）のバリエーション《B4》として、スタンダードメーベル社から発売した。現在はテクタ社が復刻している。現行品《D4 BAUHAUS CHAIR》144,000円〜（アクタス☎03・5269・3207）。

54

1953年から２年間、複数のカロッツェリアで生産。ロッセリーニはバーグマンのため54年、ピニンファリーナにベルリネッタ（クーペ）を発注。一方２人は1952年から５年間スキャンダラスな婚姻関係にあり、女優のイザベラ・ロッセリーニを娘にもうけた。

55

★

《ライカCL》はミノルタカメラとの共同開発により1973年に発売したライカだった。松浦さん私物のデジタルM型《ライカM9-P》は生産終了。レンズは現行品《ライカズミルックスM f1.4/35mm ASPH.》530,000円（ライカカメラジャパン☎03・5221・9501）。

56

★

松浦さんが盛岡の〈蟻川工房〉に頼んだホームスパンの服地を、横浜の〈テーラーグランド〉で仕立てたオーダージャケット。当初はセットアップを考えていてパンツも作りたかったが、諸事情で断念した。いつの日かはと密かに狙っているようだ。

57

赤道近くに生息する海亀・タイマイの、甲羅や爪甲を加工した鼈甲製品。〝茨甲〟と呼ばれる色の甲羅を使ったボタンは、一つ一つ模様や表情が違う。つるっと滑らかで指触りもいい。直径20mm 各8,000円、直径15mm 各4,000円（大澤鼈甲☎03・3823・0038）。

58

★

「このトランプはどこで買ったのか、どうしても思い出せない」と松浦さん。旅先で誰かにもらったのかもしれない。いつの間にか自分のバッグに入っていたという摩訶不思議なトランプである。紙のケースの表にはライオンの顔が描かれている。

59

★

〈エルメス〉が、初のシルクスカーフ「カレ」を発表したのは創業100年目の1937年。後年、スカーフ一枚一枚にストーリーを与え、その絵柄を特別なものに高めたのが、４代社長ロベール・デュマだった。写真のカレはロベール時代の1967年製。

60

アレックス・サンジェが1938年に開いた工房に、44年から加わった甥のエルネスト・スューカが数々の新技術を投入、生涯工房を支えた。最新パーツも積極的に採用する一方、日本向けのクラシカルなランドナーを「トコノマ」と皮肉る一面もスューカにはあった。

61

★

1930年編纂『サヴォイ・カクテル・ブック』（右）。レシピは全877種。写真はオリジナル版。左は尾崎浩司著、1992年刊『バー・ラジオのカクテルブック』に英語レシピを付けた豪華版。表紙は〈バー・ラジオ〉のコレクションで、1925年英国製。

62

オール手仕事の洋服ブラシで名高い横浜の〈イシカワ〉。100％天然素材で、木を留める木釘１本まですべて手削り。１本ずつ選り分けて集めたウス毛を、先端を切り落とさずに活かした《馬・尾脇毛・上ウス・先付》120,000円（イシカワ☎045・902・3824）。

63

★

1870年頃に鍛冶屋を開業したカール・ベントが、登山者の求めでピッケル作りを始める。２代目アルフレッドはピックからブレードにかけての流れるような美しい曲線が特徴。浦松佐美太郎のピッケルは大町山岳博物館（☎0261・22・0211）に委託収蔵されている。

64

創業明治30（1897）年の老舗〈雲州堂〉の21桁そろばん。枠と玉に使われる黒檀は、仏壇などに使用されるアフリカの高級材。小ぶりな21桁は稀少品で島根の伝統工芸品「雲州そろばん」の名工・寿春の作。21桁４玉黒檀玉30,000円（雲州堂☎06・4790・5560）。

65

1875年創業の〈シーサー〉が、20世紀前半のデザインを復刻した下着ライン〈シーサーリヴァイバル〉。肌に馴染むコットン素材を使用している。レディースの展開もあり。カールハインツショーツ（白）8,000円（エバリー☎06・6448・1600）。

66

35年以上焼き続け「ようやく、満足のいく材料の配分が決まりました」というホルトハウス房子の代表作。予約が望ましい。チーズケーキ（大）15,000円（税込）。ハウス オブ フレーバーズ／神奈川県鎌倉市鎌倉山3−2−10☎0467・31・2636。11時〜17時。水曜休。

67

世界最古の眼鏡メーカー〈アメリカン・オプティカル〉の名作フレーム《JAZZ》。ヴィンテージでも人気の高いアーネルシェイプと呼ばれるフレームに、美しいダイヤヒンジ。写真はレッドウッド材。参考商品（GIG LAMPS http://www.gig-lamps.com/）。

68

★

0-45に似たマーティン・ギターを探して入手した00-21NY（1965年製）を弾いていた松浦さんだが、アバロン貝のインレイが特徴的なこの個体に出合い、一目惚れ。本体が収められていたハードケースもオリジナルだった（Blue-G☎03・5283・7240）。

69

山にまつわるエピソードや用語をA〜Z順に綴った豪華な〝山の入門書〟。Aは山の雑誌『アルプ』の由来を記した尾崎喜八の文から。創文社より、『ABC 3』まで10年かけ刊行された。限定本全３冊揃い。800,000円（森井書店☎03・3812・5961）。

70

★

ケネディやヴィスコンティも愛用した〈マリネッラ〉の七つ折りネクタイ。1914年にナポリで創業、手仕事による仕立てを貫いている。有名になっても店を拡大せず、イタリア国外の直営店も少ない。日本では２店舗のみ。http://marinellatokyo.jp

71

《アヴィオール》はカーボンファイバー製ウーハー・ミッドレンジとベリリウムツイーターを高さ約1.2m、3層構造で前面厚が15cmに及ぶキャビネットに搭載。１本の重量が約100kgに達する。１セット4,850,000円（太陽インターナショナル☎03・6225・2777）。

72

元チャールズ・ムーア自邸は「Moore Condo #9」。通常２泊の最低宿泊日数は季節により変動し、２泊632ドル〜。収容人員４人、ペット・子供不可。Sea Ranch Escape／Sea Ranch, CA 95480☎(1)707・785・2426。http://www.searanchescape.com

73

川田喜久治が1965年に限定1,000部で刊行。戦火の記憶を凝視した写真集『地図』。全編が観音開き。序文は大江健三郎、装丁は杉浦康平。東京都写真美術館（改修工事で休館中。2016年秋リニューアルオープン予定）で閲覧可能。http://www.syabi.com

74

チャールズ・サイクス（1875〜1950）の「フライング・レディ」は1911年から、「ニーリング・レディ」は34年からロールス・ロイスに正式採用され、48年ロールスの工場に移管されるまではサイクスの名前と製作年月日が刻印された。幅８×奥行11×高さ９cm。

75

★

1832年創業の画材ブランド。写真は、発色の良い「プロフェッショナル・ウォーターカラー（アーチスト・ウォーターカラー）」シリーズの固形絵の具「ハーフパン」をカスタマイズしたもの。単色で購入でき、96色揃う（バニーコールアート☎03・5719・7746）。

76

ガイド付き見学ツアー（1時間）15ドル。元日ほか主要祝日休。ツアーは曜日により時間や内容が異なるので、前もってウェブサイトで確認を。Gamble House／4 WestMoreland Place, Pasadena, CA ☎(1)626·793·3334。http://www.gamblehouse.org

77 ★

〈フライ〉は、1962年、ルチア・パシン・ランディ女史がボローニャで創業したシャツメーカー。イタリア、スイスの最高級生地を使い、テーラードスーツと同じ仕立てで作られるシャツは、マンメイドシャツの最高峰と謳われる。http://www.frayitaly.com

78

ギリシャの富豪ジョージ・エンビリコス所蔵のセザンヌ「カード遊びをする人々」（1895年）が推定2億5,000万ドルでカタール王室に売却されたのは2011年。それまでの最高額は06年にサザビーズで落札されたポロック「No.5, 1948」の1億4,000万ドルだった。

79

詩人・彫刻家の高村光太郎が書いた色紙額。「詩とは不可避なり」は光太郎が最も愛した詞の一つ。年代は昭和22～23年頃。印は中国の書家・篆刻家、斉白石刻の「光」。本紙27×24cm。金地に墨筆で、北川太一鑑定書付。700,000円（森井書店☎03·3812·5961）。

80 ★

PATTERSONの町に行ったら、まずはスポーツショップを訪ねて、このシャツを見せてみよう。持ち主について知っているかもしれない。アメリカでは今でもフランネルのベースボールシャツを作る〈Ebbets Field Flannnels〉というメーカーがある。

81

1991年創業の〈イデミ スギノ〉を代表する生チーズのムース。理想の味と口当たりを得るためゼラチンを極限まで減らしている。ゆえに繊細で持ち帰りができず、イートインのみ。650円（税込み）。東京都中央区京橋3−6−17 京橋大栄ビル1F☎03·3538·6780。

82

1959年、アメリカのフロリダ州に〈デイトナ・インターナショナル・スピードウェイ〉が完成したのを機に、クロノグラフ〈デイトナ〉が開発された。中でもアラビア数字の書体が特徴的なエキゾチックダイヤルは、P・ニューマンが愛した超稀少モデル。

83

1806年の創業時より江戸っ子の間で大流行し、正岡子規の句にも詠まれた〈はいばらうちは〉。初夏の山に咲く白い花「雪の下」の柄は、型紙と植物染料で和紙に染め上げる型絵染めによるもの。幅29cm、箱入り。4,806円（税込み）（榛原☎03·3273·3801）。

84 ★

桓武天皇の皇女・伊都内親王が、天長10（833）年に山階寺（興福寺）東院西堂に香燈読経料を寄進した際の願文。平安三筆の一人である橘逸勢の筆といわれている。写真は昭和11（1936）年に、武田墨彩堂から発行された『橘逸勢筆 伊都内親王願文』。

85

1880年にドイツで創業したシュタイフは、世界で初めてテディベアを作ったことで知られる、最高級ぬいぐるみブランド。写真は1920～30年代のアンティークベア（身長42cm）。協力／BUBBLES ANTIQUE（http://bubbles-antique.com/）。

86

1814年創業、フランス国内ではシェア70%の製菓・調理道具ブランド〈マトファー〉のベストセラーである、純銅製の鍋《ムヴィエール ジャムボール φ300》φ300×H115mm（6.6ℓ）。銅には殺菌作用もある。39,600円（マトファー・ジャパン☎078·333·1852）。

87

丁寧に手作りした花のようなチョコレートや、アイスクリーム、クリームなど異なるチョコを楽しめる通年メニュー。季節のパフェと、1度に2つ食べる人も。1,300円。和光アネックス ティーサロン／東京都中央区銀座4−4−8 2F ☎03·5250·3100。

88

福建省武夷山の天心岩付近に自生する、樹齢400年の4本の茶樹から採取される幻のお茶。かつては皇帝専用とされ、年間800gの生産量。20gで18万人民元（当時のレートで288万円）の値を付けたことも。市場流通するものは、原木の接ぎ木からの葉が大半。

89

《MOTOBI 175 CATRIA MSDS》1959年式レプリカ。ベース車両は66年式《MOTOBI 125》。「MSDS」とは、50年代イタリアの、公道レース用モデルにつけられたカテゴリー名。1,700,000円（バットモーターサイクルインターナショナル☎048·297·7074）。

90 ★

柄が細めで軽く、とても扱いやすい成田理俊のフライパン。鉄を高温で加熱して叩くという工程を、何度も繰り返して形づくる。個展時に販売・受注。すべて手仕事のため、2～3年待ちは必至。写真は直径18cm、20cm、22cm。http://studiotint.exblog.jp

91

浦野理一は昭和40年代に活躍した染織家、染織研究家。紬織や友禅、紅型などの着物や帯を作り、美しい色彩と、モダンで個性的な意匠で一世を風靡した。小津安二郎が好み、小津映画の衣装を担当したことでも知られる（協力／灯屋2銀座店☎03·3564·1191）。

92

アレクサンダー・カルダー（1898～1976）は米国の彫刻家。モビールの発明で知られるが、ジュエリー製作から旅客機のペイントまで、幅広く手がけた。友人の画家ジョージア・オキーフ（1887～1986）に「OKブローチ」を贈ったのは1945年頃。

93

京都府福知山市の工房で吉田弘さんが作るまな板。ねこ柳のほか、ほお、いちょうなど厳選した木材を用い、それぞれ特徴が異なる。7年かけ自然乾燥させ異なる部位を切り出すため、一つずつサイズと価格が異なる。写真は32,000円。白木屋（☎0773·33·3639）。

94

昭和初期の詩人・立原道造が構想した週末住宅。当時は少なかったはずの片流れ屋根や、柱の外にガラス戸と雨戸を配したコーナー窓に注目したい。外観は常時見学可能。室内見学は水・土・日曜と祝日の10～15時（埼玉県さいたま市南区 別所沼公園内）。

95

桜製作所のオリジナル家具・小物シリーズ〈SAKURA DESIGN〉の仏壇。素材は上質なウォールナット無垢材、取っ手に節のあるメープルを使用、一点ずつ木目が異なる。W270×D205×H405mm。280,000円（桜ショップ銀座店☎03·3547·8118）。

96 ★

安西水丸さんが『日々の100』をモチーフにして手作りした『日々』には、内容が異なる2冊が存在する。右ページは何も描かれず、左ページに文章、めくると対になるイラストが登場する構成は共通。スノードームや民芸品など愛するものたちが登場する。

97

1889年頃より神奈川県平塚市に始まった相州だるま。前面に「福入」と大きく書かれた福だるまは、福寿円満、合格祈願、無病息災などの祈願に用いられる縁起物である。福だるま11号8,800円。相州平塚だるま市場（http://www.daruma1.com）。

98

室町期から朝廷の御用達を務めた老舗。笹でくるんだ粽は、吉野葛と水と砂糖だけでできた「水仙粽」と、漉し餡を加えた「羊羹粽」。要予約。1月は粽の販売は休み、8月は全休。発送は店頭へ相談。5本1束で3,900円（御ちまき司 川端道喜☎075·781·8117）。

99 ★

オリジナルはクロスカントリー用シューズとして1973年に発売された《アディダス CTRY》。2層ミッドソールとガムソールで、ショックを軽減しグリップ力を持たせた。映画『ビバリーヒルズ・コップ』（1984）では主演のエディ・マーフィーが着用。

100 ★

1947年から『ハーパース・バザー』のため〈クリスチャン・ディオール〉のコレクションを撮影したリチャード・アヴェドン（1923～2004）。晩年になって「ドヴィマがドレスに巻いたサッシュが、彼女の右にいた象の右脚と響き合うべきだった」と語った。

あと、もうひとつ

100 + 1　マザー・テレサの言葉

「あなたの中の最良のものを」

人は不合理、非論理、利己的です
気にすることなく、人を愛しなさい

あなたが善を行うと、
利己的な目的でそれをしたと言われるでしょう
気にすることなく、善を行いなさい

目的を達しようとするとき、
邪魔立てする人に出会うでしょう
気にすることなく、やり遂げなさい

善い行いをしても、
おそらく次の日には忘れられるでしょう
気にすることなく、し続けなさい

あなたの正直さと誠実さとが、あなたを傷つけるでしょう
気にすることなく、正直で誠実であり続けなさい

あなたが作り上げたものが、壊されるでしょう
気にすることなく、作り続けなさい

助けた相手から、恩知らずの仕打ちを受けるでしょう
気にすることなく、助け続けなさい

あなたの中の最良のものを、この世界に与えなさい
たとえそれが十分でなくても
気にすることなく、最良のものをこの世界に与え続けなさい

最後に振り返ると、あなたにもわかるはず
結局は、全てあなたと内なる神との間のことなのです
あなたと他の人の間のことであったことは一度もなかったのです

マザー・テレサ

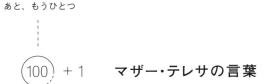

朝には夜のはなしをし、
夜には朝のはなしをし、
昼は何も話さず、手をつないで歩く。
自分の日々を言葉にあらわすと、
こんなふうに思う。
人やもの、暮らしや仕事と、
こんなふうに向き合っている。
ポケットの中には、
いつもマザー・テレサの言葉があった。
お守りにして生きている。

「あなたの中の最良のものを」は、マザー・テレサ本人の言葉やカルカッタにある〈孤児の家〉の壁にあるサインから伝わったとされています。出典には諸説あります。

京都・上賀茂に住まいを移した尾崎浩司さんを訪ねる。住まいの名は「霞山荘」といい、庭に突き出した立礼席の小さな茶室がある。

憧れの人に会いに行く。
あの人はやっぱり一流だった。

自分の価値観を壊してくれた人、ものの見方や考え方を教えてくれた人、新しい気づきを与えてくれた人。松浦弥太郎さんと、大切な憧れの4人に会いに行きました。人との出会いこそ、自分をさらに大きくしてくれるもの。

対談した人たち

尾崎浩司
●〈バー・ラジオ〉店主

森 英恵
●ファッションデザイナー

ホルトハウス房子
●料理研究家

上田義彦
●写真家／多摩美術大学教授

一軒丸ごとナラ材で建てた理由の一つは、音楽ホールのような音響環境を得るためでもある。深いブルーは尾崎さんが最も好きな色。

Koji Ozaki

尾崎浩司

●〈バー・ラジオ〉店主

ものを見る眼差しの養い方とは。

おざき・こうじ／1944年徳島県生まれ。72年東京・神宮前に〈バー・ラジオ〉を開店。バーの内装をデザイナーが手がけることがまだほとんどなかった時代に、インテリアデザインを杉本貴志に依頼。生け花や茶の湯で修めた所作や美意識に基づき、バーテンダーとして独自のスタイルを完成させた。86年〈セカンド・ラジオ〉、98年〈サード・ラジオ〉オープン。現在は、南青山で〈バー・ラジオ〉を営業中。

対談の前に。

昔、尾崎浩司さんにいただいた、〈バー・ラジオ〉オリジナルのボールペンは、大切な僕の宝ものになっている。尾崎浩司さんは、はじめて憧れたすてきな大人の一人だった。姿勢や所作、挨拶や言葉遣い、ものの扱い方、ものを見るまなざし、人への接し方という、それまで誰も教えてくれなかった、美しい作法を手本となって見せてくれた人だった。しかし僕は、会えない原因を自分で作ってしまい、それからずっと〈バー・ラジオ〉の扉を開けることができなかった。2年前、尾崎浩司さんから一通の手紙が届いた。手紙を読んだ僕は目を手で押さえた。それから何通かの手紙を交わす内に、尾崎浩司さんが京都に自宅を建てたことを知った。僕は一人で会いにいった。おいしいお茶をいただきながら、空白の時間を埋めるかのように、たくさんの話をした。　（松浦弥太郎）

松浦　住まいを京都に移されましたが、尾崎さんにとって京都は大切な場所ですか？

尾崎　東京と京都がやっぱり好きなんですね。私は文化も文明も、自然も欲しいという欲が深い人間ですから、京都はその点、とても便利なんです。

松浦　最初にどういう家を建てたいと思ったのでしょうか。

尾崎　イタリアのトスカーナにある古い農家です。太い木とがっしりとした石やレンガ、漆喰の壁に囲まれた古い農家の中を、現代のものを使って快適に住めるようにした家が欲しかった。建築家の齋藤裕さんにそれを注文したら、京都の職人にトスカーナは造れない、イタリアから職人を呼んでこないとならないと言われ、トスカーナではなく京都の良さを取り入れた建物にしてもらいました。工務店は祇園祭の山鉾《やまぼこ》を車輪からすべて作り上げることができるところで、技術がありきれいですね。使っている木は樹齢300年ほど。ドイツの天然のナラです。

松浦　建築家を決めた理由は？

尾崎　私が一番好きな建築家はカルロ・スカルパで、できるならスカルパに家を頼みたかったのですが、それは叶いません。齋藤さんはスカルパの本も出してますから、そのセンスをわかっていますし、茶道もされていて私と価値観が似ているんです。もとは30年来のお客様です。いろんなことに凝る人で、この家に使うナラを選びにドイツまで行ってくれました。

美しくしていくのが使い手の使命。

松浦　この家のために丸太を30本買い、端材まですべて使い切って作ったとお聞きしました。この場にいると、きちんと作られたものの正しさを感じます。

尾崎　今の建築家は仕方なく図面を引いて模型も作りますが、本当は木をあてがってみて、その木を伐《き》って組んでいくのが理想です。洋服でいうと、体に布をあてて切っていくやり方ですね。茶室はだいたいそうやって造ります。でも、それでは時間と手間がかかりすぎるから、普通の住宅ではできません。この家は3年ほど前から計画を始め、建てるのは1年ちょっとですが、最近は半年でも長いと言う人がいるようですね。齋藤さんの建物は10年かかるものもあります。きちんと作り上げようと思ったらそうなるんです。

松浦　庭も楽しみですね。時間が経つほど良くなっていく。

尾崎　家を良くしていくのは住み手の仕事。住み手が家を育て上げるのです。大抵の人は手に入れたら終わりと思うらしいのですが、「それから」がいいんです。靴だって〈ジョン ロブ〉のいい靴を買って手入れをしたら、もっといい靴になりますよ。革の手袋もそうです。古くなっても変にくたびれず、もとより美しいものになっていく。それが使い手の使命です。

松浦　いいものであればあるほ

市街地からも近い山あいの傾斜地。屋根の下のスリット窓からは月がよく見える。

ど、手に入れてからが楽しい。

尾崎　だから中途半端なものを買ってはいけない。機械にしてもいいものはその人の体の一部みたいになっていくんです。車でもカメラでもオーディオでも。

松浦　僕は尾崎さんに、若い頃からいいものとはどういうものかを教えてもらいました。尾崎さんはそういうことをどうやって学んできたのですか？

尾崎　やはり見て、触れて、経験で学ぶしかありません。私は昔から布に興味があるのですが、例えば、お客様の中に結《ゆう》城《き》紬《つむぎ》の趣味のいい着物を着た方がいたら、素敵な着物ですね、と褒める。興味を持ってじっと見つめる。そうすると触っていいよ、と言ってくださる。手にとらせてもらう。これが大事なんです。衣食住すべて、いいものの基本は「素材」です。素材の良さというのは触ってみないとわからない。見るだけではなく「触れて覚える」ものなんです。

松浦　触れた記憶は体に蓄積されていきますよね。

尾崎　その記憶があるから、次に同じクラスのものが現れると、あの時のあれと同じだとわかる。食べ物もそうです。若い頃は自分で高級料亭には行けないから、連れていってもらうんです。そして、おいしいものを食べさせてもらったら、あれはおいしかったと、繰り返し言う。きちんと感想を述べる。その経験を私ならカクテルに取り入れるとか、自分の世界に活かすことが大事ですね。連れていってくれた人に成果や成長の跡を見せると、また次も連れていってやろうと思ってもらえるものです。そういう若者になるべきです。

松浦　若い頃には背伸びも必要なことですか？

尾崎　ものすごい背伸びはひっくり返っちゃいますから、少し背伸び、というのが大事ですね。いつも少し上を見ること。ヨーロッパでバーテンダーは、下町の酒場から少しずつステップアップをして、最終的に高級ホテルのチーフバーテンダーになる。いきなりは飛び越えられないようになっていて、それはいいシステムだと思います。ステップを踏みながら、ふさわしい自分を作り上げていくんです。

松浦　大人になってから、美しいものを見分ける力というのはどう養えばいいのでしょう。

尾崎　直接の答えにはならないかもしれないけれど、大事なことは結局、自分自身を磨き上げること。美しい自分になろうとする気持ちだと思うんです。まず自分自身を成長させなさい。そうしたら自然に美しいものがわかるようになります。

松浦　その手始めとして尾崎さんはファッションが重要だとよくおっしゃいますね。

尾崎　今日何を着るか、考える時間をとる。手当たり次第で外に出てはダメです。外出をしない日も、その日一日の自分にふさわしいファッションを考えて選ぶ。深く考え、深く見つめるということがいかに大事か。そのためには家の中に全身が映る大きな鏡が何枚かあるといいですよ。鏡は正直だから、みっともない自分が見える。そうしたら毎日少しずつ直せばいい。

上質なものには官能性がある。

松浦　先ほど、いいものの基本

左上／立礼席《りゅうれい》の小さな茶室。格子の建具や木のサッシなど茶室全体が工芸品のような完成度を誇る。庭に面して大きく開く構成がおおらかで清々しい。左下２点／古い麻の着物をほどき、手縫いで仕立てた夏仕様のカーテン。知人の作家に発注した。松浦さんが手に持っているのは尾崎さんが制作をした茶碗。右上／居間の一角。屋根の傾斜に沿ってとられたハイサイドライトが室内に自然光をやさしく採り入れる。本を読むために置かれた椅子はミース・ファン・デル・ローエのリビングチェア。右中／キャスター付きの小さな椅子で移動する屋根裏の書庫。右下／キッチンには織部焼のタイルが使われている。やかんは1850年代のイギリスのもの。

は「素材」だとおっしゃいましたが、良質な素材は何が違うのでしょう。
尾崎　一言で言うと、色っぽさ、官能性です。麻でシーツを作るのでもアイリッシュリネンで作るのとスイス製のシルクのような最高級リネンで作るのでは全く違います。アイリッシュリネンだって爽やかでいいですよ。でも、後者の方が艶やかでずっといい。おいしい水は喉越しがセクシーですし、いい抹茶は飲むとトロリとして口の中の粘膜が幸せだなと感じる。官能性はすべてのものにあります。
松浦　セクシーであることに対して人は本能的に惹かれるのでしょうね。
尾崎　人は喜びを得るために生きている。その一番の喜びはやはり官能です。言葉を選んで上手に言わないと、この人危ないと思われてしまうから、あまり皆さん言いませんが（笑）。特にラテン系の人たちは音楽でも文学にしても官能性の表現が上手だと思います。フランスやイタリアの服はやっぱり艶《なまめ》かしいし、〈ヴィメリ〉や〈ラ・ペルラ〉の下着は高いけれど色気があって着るとやっぱり嬉しくなるというものです。

バー・ラジオの基本は茶道にある。

松浦　尾崎さんが40年以上続けてきたラジオは、尾崎さんなりに見つけた美しさの集積だと思うのですが、意識して作ってきたものなのでしょうか。
尾崎　若い時の私は学歴や教養コンプレックスの塊で、どうしたら皆さんに恥じないような店にできるかを考えました。そして、私が勝負できるのはデコレーターとしての「美の世界」ではないかと。デザインとして確立された空間の中に、細かい美をいっぱい織り込むのだと思ったのです。その空間が話題を呼び、クリエイターたちが集まってくれて軌道に乗りました。
松浦　尾崎さん自身や働いている人たちの所作やマナーの美しさも当時のお客様をハッとさせたと思うのですが。
尾崎　美しい所作で仕事をした方が、おお、とお客様も思います。それについては茶道に感謝しています。歩き方、立ち方、おじぎの仕方、目の配り方、そして目線。すべて基本は茶道にあります。
松浦　ラジオの基本が茶道にあるとすると、もてなす側ともてなされる側、両方がきちんとしていなければならない。
尾崎　そうです。お茶の世界は招く側も招かれる側もお互いに注意し合って、心地いい空間を作る。その場を壊さず、周りの環境を大切にする人がいいお茶人です。私は若い頃は常に成長したいと思っていましたから、従業員にも厳しかったですし、立ち居振る舞いへの厳しさはお客様にまで及びました。
松浦　完璧主義だった。
尾崎　だから古いラジオの時代のお客様からは「よく叱られたよ」と言われる。叱った覚えはないけれど（笑）、それは私の表現がつたなかったからです。古い時代の従業員とお客様には、ごめんなさいと謝りたい。私にゆとりがあれば、もっとやさしく、楽しく伝えられたはずです。
松浦　ゆとりを持つことって大事ですよね。
尾崎　ゆとりがないとユーモアは生まれませんから。それに、ゆとりがあると、待ってあげられるんです。何かを教えようとしてうまく伝わらない時、大抵の人は10回言ったけどダメだからもうダメだ、と見放してしまいますね。でも、１００回目にやっとわかって捕まえられた人は、一生それを離さない。すぐにわかる器用な人よりゆっくりと考える人の方がしっかり受け止めて忘れない。

どこから登ってもいずれ頂上に結びつく。

松浦　16歳の頃からお茶とお花をされてきたのに、今でも習いに行かれますが、わかった、ということはないのですか？
尾崎　わかるということにもいろんな段階があって、ハタチでわかったことと50歳でわかったことは、あとになって比べると理解の深さが違うんですね。でも、ハタチでわかることも、大切です。わかったと思う時は、嬉しいんですね。少し自分に自信も持てるでしょ？　友達に話すと面白がってくれたりします。それを繰り返すと、よりわかりやすく話してあげられるようになる。繰り返し、同じことを見つめ続けることが大事です。だから一つのことを学ぶのでも卒業はないんです。
松浦　これから新しく学びたいことはありますか？
尾崎　いっぱいあります（笑）。今日はこれだけど明日はこっち、となっても罪悪感は持たないことですね。いずれどこかに結びつく。険しい山に登る時は、いろんな道から登ってみるんです。
松浦　京都の家にはアトリエもあって、陶芸も始めましたね。
尾崎　私は気づくのが遅かったのですが、人生は楽しむためにあるんです。正しく、美しく楽しむ。その「正しく」のありようは人によって解釈がいろいろでしょうけれど、私が言えるのは、みっともないことはしてはいけない、ということ、できたら人に好かれる遊び方をした方がいい。尊敬されるまでになる遊び方なら、それが一つの業にもなりますし、お手本にもなると思います。いろんな年寄りにそうしてほしいですね。そしたら素敵な若者がいっぱい育つはずです。

左／〈バー・ラジオ〉内観。ヨーロッパの民家風一軒家で、アンティークの家具をはじめ尾崎さんが選び抜いたものが並ぶ。中／1972年オープンの〈ファースト・ラジオ〉はインテリアデザイン史に残る重厚で美しい空間だった。一枚板のカウンターは那須の〈二期倶楽部〉に移され今も残る。右／カウンターの棚にはお酒によって使い分けるグラスが整然と並ぶ。世界に一つしかない貴重なグラスも惜しみなく使う。

Hanae Mori

森 英恵

●ファッションデザイナー

装うこと、エレガンスとは。

もり・はなえ／1926年島根県生まれ。東京女子大学卒業。夫・森賢と結婚後、洋裁を学び、新宿に〈ひよしや〉を設立。1950～60年代前半にかけて日本映画の衣装デザインを数多く手がけ、65年、ニューヨークで初の海外コレクションを発表。77年にパリにメゾンをオープン。東洋人で唯一パリ・オートクチュール組合に属し、活動する。96年、文化勲章受章。2002年、レジオン・ドヌール勲章オフィシエを受章。

対談の前に。

森英恵さんから、以前、お話を聞く機会をいただいたことがある。その時、僕は、これからの時代を生きていくために、自分が立ち返るべき大切なものや、学ぶべきものをたくさん気付くことができた。

今、日本人にとって大切なものは「ルーツ」であると森英恵さんはおっしゃった。日本古来の手仕事や暮らしを見直すことで学ぶ、日々の心持ちや、暮らしそのものの美しさは、これからの時代を支えていく新しい生き方のヒントになるであろう。

森英恵さんは、60年代にパリでヨーロッパのモードに出会い、その衝撃を糧にして、日本の伝統的な素材と技術を掘り起こし、上質な服を作り、世界で輝いた。そんな森英恵さんが考える「一流」とは何だろう。どんな「一流」を見てきたのだろう。僕はもう一度、お話を聞きたかった。（松浦弥太郎）

「森さんが思う素敵な男性はどういう人ですか？」「会話の豊かな方ですね」

松浦 今日は森さんの美意識やエレガンスについてのお考えをお聞かせください。森さんがファッションデザイナーとしてご自身の美意識を追求なさるようになったのは、医者だったお父様の影響も大きいようですね。どのようなお父様でしたか？

森 頑固な、いわゆる明治の人でしたね。私は5人兄妹の4番目として、島根の山奥の町で生まれました。田舎の医者ですから、あらゆる病気を診なければならない。自転車に乗って往診したり、とにかく忙しくしていました。病院に来る患者さんは、皆さん「どこか痛い、苦しい」でしょう。その反動もあって、父は美しいものに憧れていたようです。家では絵を描いたり、庭作りをしていました。

松浦 おしゃれな方だったのですね。

森 ええ。時々東京に出かけては、母の着物の反物を買ってきて。家には三越などのメールオーダーのカタログがいつもあり、父が選んだお揃いの服を、姉妹3人で着ていました。

松浦 ハイカラですね。

森 田舎のハイカラでしたけれどね。一方で、躾にはとても厳しい人でしたよ。するべきこと、してはいけないことが常にはっきりしていました。

松浦 教育にもご熱心で。

森 そうですね。父自身が読書家でしたし、家の中に本がたくさんありました。

東洋人で初めて、シャネルでオーダー。

松浦 ファッションデザイナーの仕事を始められてから、最も影響を受けたのは、やはりパリでしょうか。

森 1961年に初めて訪れたパリは美しく、印象的でした。日本の新聞社に記事を頼まれていたこともあり、有名デザイナーのコレクションを一通り見ましたが、どのショーも非常に素晴らしくて、本物だ、と思いましたね。ただ、当時は男のデザイナーが主流。女のデザイナーは、シャネルだけでした。

松浦 違いはありましたか？

森 男のデザイナーのメゾンは服が華やかで、モデルも若いんですね。でも、シャネルのモデルはそれほど若くなく、30代初めくらい。そして、着ている人が非常にエレガントに見えるんです。女と男の作る服の違いを感じて興味が湧き、ショーの後、すぐにメゾンへ行きました。

松浦　シャネルで服をオーダーしたのは、東洋人では森さんが最初だったとか。

森　そのようですね。

松浦　どんな服をお作りに？

森　シャネルスーツです。「日本は一年中太陽が昇っているんですってね。だから、太陽の色がいいわ」とオレンジ色をすすめられて。結局、手織りのツイードのジャケットの裏地をオレンジ色のシルクにしました。

松浦　のちにメトロポリタンミュージアムから、その時に作った服を貸してほしいと依頼があったそうですね。

森　そうなんですよ。でも、お貸ししなかったんです。

松浦　えっ、なぜですか？

森　一時、ミニスカートが流行ったでしょう。その頃にスカートの丈を短くしてしまったんです。シャネルは「女の膝は実用品で、見せるところではない」という考え。哲学に反するものを展示していただくわけにいかないので、お断りしたんですよ。

松浦　パリの後、すぐにニューヨークに行かれましたね。

森　パリで感じたエレガンスのイメージが抜けないうちに、今度は戦後の日本にモダンをもたらしたアメリカを見てみたくて。

松浦　どうでしたか？

森　ショックでした。デパートでも、日本製品は粗悪品として、地下でとても安い値段で売られていたんです。私たちの国には元来、素晴らしい歴史やエレガンスがあるのに……。オペラ『マダム・バタフライ』での主人公の日本人女性の描かれ方もショックでしたね。だって、下駄を履いて、畳の上を歩いているんですから。

松浦　日本人はしないですね。

森　腹が立ってきましてね。バカにしないでよ、と。それで、先にニューヨークでコレクションを発表しようと思ったんです。

松浦　それも大成功で。日本人デザイナーが世界に評価されて、日本人女性を見る目も変わったのではないでしょうか。

森　いい勉強になりました。

松浦　森さんは日本人女性らしさを表すのに、「雅《みやび》やか」という言葉をよく使いますが、それはどういう美しさでしょうか？

森　エレガンス、ですよね。江戸時代の粋なども素敵ですが、もう少しさかのぼって、源氏物語やそういう時代の女らしさ、品の良さなのでは。

松浦　初のコレクションは苦労しましたか？

森　そうですね。日本には、着物の布は素敵なものがあるけれど、どれも幅が狭くて、大柄なアメリカ人には使えない。白浜で見つけた縮緬《ちりめん》を京都で染めるなどして、布から作ったので、発表まで3年かかりました。

松浦　日本製にこだわって、日本の手仕事を紹介したかったのですね。

森　そう。それを日本の飛行機に乗せて運びたいと考えました。すべてメイド・イン・ジャパンで完成させてみたかったんです。当時はまだ、誰もそんなことをしていませんでしたから。

松浦　ニューヨークの後は、パリのオートクチュールの世界でご活躍されて。ニューヨークとパリは違いましたか？

森　まったく違いますね。アメリカは、イエスとノーの国。日本的なものを表現しながら、どうやってそのイエスの中に入っていくか、非常に考えました。それに対して、フランスは個性の国。ですからパリでは、ニューヨークで追求した日本人らしさを一つのスタイル、個性として表現しました。ニューヨークで日本人としての個性を磨き、その後パリやヨーロッパに行ったので、やりやすかったですね。

松浦　個性というのは、やはり大事ですか？

森　この仕事のおかげでたくさんのアーティストやスター、経営者などと会うことができましたが、結局、自分の個性をしっかりと磨き上げていることが大事だと思いました。

右／東京・六本木のオフィスに飾られたドレス。細やかな手仕事が光る。左／仕事道具の中で、日本製と決めている裁ちバサミ。「ごく一般的なものですが、切れ味が違う。パリのデザイナー仲間にもよく頼まれました。料理人の包丁と同じですから、研ぎ屋にも出しますよ」

個性を磨くこと、日本をよく知ること。

松浦　森さんはデザイナーの仕事を通じて、たくさんの著名な方と交流してこられましたね。彫刻家のジャコメッティと撮影した写真を拝見して、わあ、こんな方とも出会えるのかと。

森　あれは最初のパリで。滞在中、新聞社から記事を頼まれていたので、その関係でお会いしました。アーティストに会うのですから、一枚だけ用意していた着物を着ていきましたよ。

松浦　写真家のリチャード・アヴェドンには、ポートレートを。

森　当時、アヴェドンは『VOGUE』で仕事をしていて。友人の須賀勇介さんがヘアを担当してくださり、アヴェドンが私のポートレートを撮影してプレゼントしてくれたんです。

松浦　海外からのお客様など、ご自宅でおもてなしをする機会も多いと思いますが、人を招く時に大切なものは何ですか？

森　スタイルがあること、でしょう。

松浦　スタイルというのは、つまり個性？

森　そうです。住んでいるところは、その人自身ですから。

松浦　先ほども個性を磨くという話が出ましたが、人とのつながりでも、やはり自分の個性を表に出した方がよいのですか？

森　そう思います。

松浦　でも日本人はどちらかというとそれが苦手で。それに、表現するには、まず自分らしい個性やスタイルを見つけないといけないですね。

森　やはり、こうありたいという気持ちではないでしょうか。それに国際人ですから、日本のことをよく知ることも大事です。

松浦　日本では最近、自分の価値観の中だけで満足する傾向があるように感じます。でも森さんは常に前へ進み、ニューヨーク、パリと自分の動く先を自ら広げてこられた。その、新しいことに挑戦する勇気はどこからくるのでしょうか。

森　私の時代は、今と違って国境が高かったですから。乗り越えなければならないものがたくさんあって、それがエネルギーとなりました。好奇心はとても大切です。

松浦　最後に、最近の日本人のあり方をどう思いますか？

森　現在の私のオフィスがある六本木は若い頃の憧れの街でした。今は街を眺めていても男女の区別がつきませんね。若いのか年配の方なのかもわからない。職業もわからない。今はそういう混乱した時代なのでしょうけれど、日本を感じないですね。この国には独特の素晴らしい歴史や美意識、手仕事があります。日本のエレガンスというものをもう一度考えて、見直す必要があるのではないでしょうか。

ホルトハウス房子

Fusako Holthaus

●料理研究家

おいしいとは、上質とは。

ほるとはうす・ふさこ／1933年東京都生まれ。アメリカ人の夫との結婚を機に、数ヵ国で海外生活を経験。帰国後、鎌倉山の自宅で料理を教える傍ら、西洋料理の著書を発表。94年、鎌倉山にティールーム併設の洋菓子店〈ハウス オブ フレーバーズ〉をオープン。看板商品のチーズケーキは「日本一高価で、日本一おいしい」と評判。現在雑誌『暮しの手帖』にて、和菓子紹介のページ「わたしと和菓子」を連載中。

対談の前に。

『暮しの手帖』の仕事をはじめた時、僕はすぐにホルトハウス房子さんにお会いしたいと思っていた。ベストセラーになった『カレーの秘伝』『ホルトハウス房子 私のおもてなし料理』は、正統であること、上質であること、自分のスタイルを持つことを僕に教えてくれていた。

いつも若々しく、チャーミングなホルトハウス房子さんから、ある日、料理と味についてこんなふうにお話しいただいた。

食べている最中ではなく、食べ終わった後、心の中にいつまでも残るおいしさは、ひとつの豊かさである。一口目よりも、最後の一口が、一番おいしいことが大切。それこそが「一流」と呼べる味であり、「一流」の料理である、と。

ホルトハウス房子さんとお会いする時は、いつも大好物だという浅草の〈入山煎餅〉をお土産に持っていく。（松浦弥太郎）

松浦　ホルトハウスさんは海外暮らしの経験もあって、一般的には西洋の印象がお強いのですが、実際は日本の伝統的なものにとても造詣が深く、大切にしていらっしゃいますね。

ホルトハウス　それは、育った時代もあるのではないでしょうか。子供の頃の家は木造の平屋でしたし、疎開先で、田舎の生活も経験しました。それと、結婚して少し外国にいたので、日本への憧憬もあるのかもしれません。

松浦　お母様も、お料理が得意でしたか？

ホルトハウス　母は食べることが非常に好きで、夏になると冷たいお汁粉を作るとか、そういったことを必ずしていました。粉がなければジャガイモをすりおろして、上手に作るんです。当時は冷蔵庫がなかったので、流しに水を張ったのですが、その冷やし加減がなんとも、程よくて。

松浦　人工的ではないから、でしょうか。きっと、今の冷たいという感覚と、その頃の冷たいは違うのでしょうね。

ホルトハウス　そうですね。昔は、程よい、というのがありました。色々なことが、とっても程よかったですね。

上／取材時に出してくださったショウガのゼリー。後からピリリとくる。「しっかりした味ですね」と伝えると、「そう、甘いの。甘いものはちゃんと甘い方がいいんです」。左上／割れた器は金継ぎで修理。人の手がさらに加わることで愛着が増す。左／広すぎず小回りの利く〝程よい〟台所。

一筋縄ではいかない、究極のカレー作り。

松浦　僕はカレーが好きなので、1976年に出された『カレーの秘伝』という本を、穴の開くほど読みました。

ホルトハウス　あの本のために、インドまで行ったのよ。現地の料理学校に一日入学したり、普通の家庭や、有名ホテルの厨房にも入れてもらいました。

松浦　どうでしたか？

ホルトハウス　まさに、百聞は一見にしかずでしたね。それはもう、奥深いこと。カレーと、一言では言えないと思いました。

松浦　ホルトハウスさんのカレーは、インドとも違いますよね？

ホルトハウス　私のカレーは西洋料理の影響が強いんです。その頃一般的には、水で溶いた粉をカレー粉と合わせ、とろみをつけていたのですが、代わりに、野菜と香辛料をよく煮て、それを裏漉《ご》ししてとろみにしたんです。というのも、当時ムーランという道具がフランスから入ってきて、それが面白くて、何でも漉したくなって……結果は上々。そうしたら、とても程よいとろみがつきました。

松浦　ホルトハウスさんのカレーは、今夜すぐにと気軽に始められるものではないですね。準備も時間も必要で。

ホルトハウス　そう。ですから、私もこの頃は年に1度作るかどうか。作るとなったら3種類くらい用意して、ご飯も全部変えますから。それは大変で、並大抵ではないんですね。

松浦　料理のポリシーは、カレーに象徴されるのでしょうか。

ホルトハウス　どうでしょうね。私は常々、私の料理、というものを大切にしたいと思っています。おいしい、おいしくないとか、みんなに好まれるかどうかはともかく、世の中にはないんだ、というものを。

松浦　では、手間がかかるかどうかは、私の料理であればどちらでもいいと。

ホルトハウス　そうです。さっと作れるものもたくさんありますよ。それでもやはりどこか、心の手間というものがかかっているのね。準備とか、ちょっとしたことに。

松浦　簡単な野菜サラダでも、葉の一枚一枚を吟味して、ドレッシングは手で和える。以前、料理の撮影で感心しました。料理は、準備や道具の扱い、盛り付けなども大事ですね。

ホルトハウス　そうですね。毎日のご飯でも、今日はこのお茶碗にしよう、と変えてみたり。

松浦　器がお好きなのは昔からですか？

ホルトハウス　もう、病気です。やめなきゃと思っているのですけれど、つい。

松浦　器の魅力って何でしょう。

ホルトハウス　まず日常に使えるということ。私は工芸品が好きなので、どういう気持ちで作られたのかを考えますね。しまい込まず、気軽に使うけれど、とても大切にしています。

松浦　欠けても金継ぎなどで修理して、使い続けていらっしゃる。それが素晴らしいなあと思います。

ホルトハウス　直しますね、必ず。何でも持っていくので、内心、こんなのも？　と思われているかもしれませんけれど。

松浦　直すことで、さらによくなることもありますか？

ホルトハウス　ええ。でもそれには、上手な人でないと。金継ぎは大変な技術がいりますから。やはり、愛着は湧きますね。

何よりも、人の手を経たものに心惹かれる。

松浦　鎌倉の山の上にあるこちらの家は、とても気持ちのよい家ですね。建築家の齋藤裕先生の設計だと伺いましたが。

ホルトハウス　色々な成り行きで、正確には改装なんですよ。

松浦　建築にはもともと興味があったのですか？

ホルトハウス　ええ、とても。私は、景色の美しさはもちろん好きですけれど、どちらかというと、人の作ったものに感動します。建築でも工芸品でも、何でもそう。人の手を経た、というものがすごく好き。

松浦　建築を見るために、海外まで行かれたとか。

ホルトハウス　この家を建て直そうと思った時は、（フランク・ロイド・）ライトの設計した建物や家を見に、1週間くらいかけてあちこちに行きました。

松浦　参考にしたい家はありましたか？

ホルトハウス　さんざん見て回った末にわかったのは、結局「自分の家なのだから、自分の好きなようにすればいい」ってことでした（笑）。それが一番大切。

松浦　なるほど（笑）。一番こだわったのは、やはり台所で？

ホルトハウス　そうでもないんです。料理を教えているけれど、教室っぽくはないんですよ。あくまで、うちの台所ですから。

松浦　確かに、いわゆる料理教室のキッチンはもっと広くてオープンですね。

ホルトハウス　しかも、便利にしてしまうでしょう。私は、便利というのは、結局、無精だと思うんです。ですから、あんまり便利にしていないんですね。

松浦　そういう、美意識はどこから来るのでしょうか。

ホルトハウス　それはわからないわ（笑）。でもね、私は結構、清潔好きなんです。掃除をやりすぎて腱鞘炎になるくらい。

松浦　確かに清潔は、美しいことの基本かもしれません。

ホルトハウス　清潔にするというのは、ひいてはものを大切にすることにつながります。うちの料理教室に長く通っている方が、「お料理の腕は上がらないけれど、家の中がきれいになった」と言っていましたが、それは嬉しいことですね。

松浦　お宅は、料理教室の生徒さんやお客様がたくさんいらして、おもてなしの機会も多そうですね。

ホルトハウス　お客様をお招きするのは、準備も含めてとても楽しいことですね。ただ、昔よく使われた言葉で「客ぶりのいい」というのがあって、それがこの頃は少し、行き渡っていないかなと感じることはあります。

松浦　なぜでしょう。

ホルトハウス　きっと家でも、「おいしい！」と素直に口にするとか、そういう礼儀がなくなっているのではないかしら。

松浦　客ぶりのよさ、というのはいい表現ですね。ぜひ身につけておきたいものです。ホルトハウスさんは、食べることがお好きですから、色々なお店に食べに行かれると思うのですが。

ホルトハウス　そう、よく行きます。ですから、そのためによく眠るようにしているんですよ。

松浦　料理の、どういうところに感動しますか？

ホルトハウス　巧まずして、その人の技量が出ている。おいしく食べてほしいという心遣いがある。そういうのは、とてもいいと思いますね。

松浦　お店で、料理を教えてもらうことはありますか。

ホルトハウス　ありません。聞いてできるものではないでしょう。100回でも200回でも、食べに行けばいいんですよ。舌は覚えるけど、真似しようとは思わないですね。それは、あちらのものですから。

松浦　では、食べることと作ることは違うのですね。

ホルトハウス　そうよ、食べることは楽しむこと。エンジョイ、おいしい、だけでいいのよ。

松浦　何度も行きたくなるお店って、何が違うのでしょう。

ホルトハウス　お呼ばれでもお店でも、その人の精いっぱいが感じられると、本当にいいなと思いますね。作品も料理も同じで、誰かの精いっぱいが見えるのがいい。作為的ではなく。

松浦　人間味、ですね。

ホルトハウス　それは、温かさにつながりますから。

松浦　美しいものを追求すると、ともすると息苦しくなって、心地よさとの共存が意外と難しい。でもホルトハウスさんの料理や暮らしは、とても素晴らしくて美しいのに、不思議とほっとします。なぜでしょうか。

ホルトハウス　それはきっと、私が結局のところ、お母さんだからよ。

松浦　なるほど。お母さんだから。素敵な言葉だなあ。

「一番好きなものは？」という質問に、「白いご飯。ご飯炊きの名人ですよ」。

Yoshihiko Ueda

上田義彦

●写真家／多摩美術大学教授

見ることと、見つめること。

対談は上田さんが主宰する港区海岸の写真専門ギャラリー〈Gallery 916〉にて。

対談の前に。

僕の部屋には、上田義彦さんの写真が、壁に掛けてある。屋久島の森の景色を撮影した「Materia」というシリーズの写真だ。確かそれは、屋久島の森を訪れて、最初に撮った写真であると上田義彦さんは話してくれた。毎日、朝起きた時と、夜寝る前にその写真を僕は見ている。見るたびに昨日と違った何かを発見し、はじめて見た時のような気持ちになる。そして、それが何かを自分の心のなかで思い耽《ふけ》る。そんなふうに写真はいつも僕に語りかけてくれる。僕は、その語りかけに答えようとしている。一枚の写真と、こんなにじっくりと向き合ったことははじめてだった。そしてこう思う。ただ素直に、僕は上田義彦さんの写真が大好きだと。僕は上田義彦さんから、目の前のものとの「一流」の向き合い方を、写真を通じて教えてもらっているように思う。　（松浦弥太郎）

松浦　上田さんは、ご自分のものの見方であったり、何かものを見つけた時に、「普遍的」であることを意識されていたりするのでしょうか。

上田　まさに、普遍的でありたいと、ずっと思っているんです。自分の写真が、自分にとって常に「新しいもの」になっていたい。言い換えると、古くなってしまうものを作りたくない、ということなのですが、僕の中でそれは「普遍的」という言葉と同じ意味を持っています。もう少し正確に言うと、「新しくいたい」とは実は思っていないけれど、「古くなりたくない」という気持ちは危機感として強くあって、そのためには対象となるものへの接し方が問われると思うんですね。その接し方で自分が一番信じているのは、「ドキドキすること」なんです。

松浦　ドキドキ、ですか。

上田　言葉にもなっていないような簡単な言い方ですが、対象を見つめている時に体全体に起こること。目の前のものを「なんとかしてやろう」という作意のようなものではなく、知識や経験で向き合うものでもない。知っているだけでは掴《つか》めないことが目の前で起こっていて、「とにかく早く撮らないと！」と。その状態は自分がコントロールできるようなものではないんです。純粋に、正直に、何事かが起こってしまった、という一瞬のドキドキが定着した時に初めて、その写真は、普遍性を持てるのだと思います。

撮る人と見る人は同じ経験をする。

松浦　普遍ということをもう少し深く考えていくと、それは「非常に健全なもの」のような気がします。ドキドキするという感覚を上田さんは「自分ではコントロールできない、純粋なもの」と言いましたが、僕が思う「健全」も同じで、そういうものを僕は尊敬するし、気持ちの拠《よ》りどころのように求めるところがある。だから毎日上田さんの写真を見ていて嬉しいという感情が湧くのかもしれません。

上田　僕は写真って鏡だと常々言っていて、相手を写しているんですけれど、自分を写している。写真には自分が写っているんです。撮る時の僕の心の状況やドキドキが写っている。そして同時に、写真ってすごく不思議で、大変なものでもあると思うのは、撮った人と見た人が同じ経験をするんです。だから、撮る側にドキドキがなければ、人はその写真を見てドキドキすることはないと信じていい。僕が撮った写真を見て、嬉しいという感情が松浦さんに起こるのであれば、それは、撮る時の僕と同じことが起こっているということなんです。

松浦　上田さんの写真は、見ていると心が常にゆれるというか、自分が「何を感じるのか」を問いかけてくるようなところがあります。そういう向き合い方を一枚の写真としてみて実感した

うえだ・よしひこ／1957年兵庫県生まれ。広告写真の第一線で活躍すると同時に、数多くの作品を発表し、国内外で高い評価を得る。広告での代表的な仕事に、〈サントリー烏龍茶〉〈無印良品〉〈資生堂〉など。ネイティブアメリカンの聖なる森を捉えた『QUINAULT』、家族を写した『at Home』など写真集多数。最新作は、原始の記憶をテーマにした「Materia」シリーズ。ガンジス川に集まる人々を写した『M.Ganges』。

のは、心にも目があるんだ、という感覚です。心にも目があって、心で見たものに人は惹かれるのではないか。そう気づいて以降、瞬間的に、ああ今僕は心の目で見ているなと思うことがあるんです。上田さんにも、そういう感覚はありますか？

上田　心と目がつながっているという感じはありますね。深くつながった時に、ドキドキが起こるんだと思います。

「かなわないもの」を精いっぱい、受け取る。

松浦　ときどき目をつぶりたくなることもあって、目を閉じた中に何が写るのか、そういうことまで考えるきっかけがいつも上田さんの写真なんです。そこまで内面が動くのはなぜなんでしょう。

上田　僕は20年以上〈サントリー烏龍茶〉の広告の仕事をしていたのですが、撮影で中国へ行き、遥か遠くまで見える風景を見ながら「かなわないなあ……」って思うんです。これは写せないし、今感じている心の中のこと、体全体で感じていることって、どうしようもないなぁ……と。そういう「かなわないもの」や「どうしようもできないもの」を目の前にしてドキドキしてしまうと、もう、受け取ることで精いっぱい。「受け取る」ということをしているだけで嬉しくて、涙が出そうなくらい切なくて、その場所にずっといたいと思える。それは、自分の子供を見ていても同じです。ああ、かなわないなあって。喜びに溢れた目の前のこの命、これは写真に撮ったって撮れない。でも、撮ろう。そういうことを繰り返しているうちに、写真で「ああしてやろう、こうしてやろう」なんてどうでもいい、それより、かなわないものを相手に涙を流していれば、涙を流すついでに写真が撮れれば、いいんじゃないか、と。

松浦　上田さんの「かなわないもの」というのは、中国の風景のような壮大なものだけではなく、毎日の生活の中にもあって、大事なのはその「かなわない」瞬間だったり出来事を、きちんと「見つける」ことなのかなと思うのですが。

上田　そうですね。見つける。あるいは「気づく」。今までは気づかなかったんだけれど、ある時ハッと気づいてしまう。花はきれいだ、と言っても別に驚きもしないし感動もしないけれど、でも本当に見ているうちに、かなわないなあ、この色はなんだ！　と気づく。その思いを写真家は写真にして人に伝えられる可能性があるということが、僕はすごく嬉しい。その喜びは、暗室の中で最高潮になるんです。プリントして浮かび上がってきたものを、暗室の壁にぽっと貼り付けて見る。その時、はっきりわかるんです。ダメな写真と、いいよねえ、って言うしかない写真が。

松浦　暗室ですか。撮った時じゃないんですね。

上田　もちろんファインダーの中ではすごかった、奇跡的だったという確信を持ってますよ。いや本当に、奇跡ですよ。僕がたまたまそこにいて、世界がそれを見せてくれて、ハッと思った。それは奇跡としか言いようがない。その瞬間は二度とこないという意味で。プリントする時は、奇跡をつかまえて定着させ、動かないようにした状態ですから、獲物でいえばもう捕獲している状態。安心して見ていられるし、その時が僕にとって一番幸せな時間です。

上／上田さんの最新作『M.Ganges』の写真展では、ガンジス川を舞台に人々の記憶をテーマにした61点の作品が発表された。下／額装されている写真は、屋久島の森を写した「Materia」の中の一枚。いつもは松浦さんの寝室の壁に掛かっている。

松浦　実際に自分で見ていたものよりも写真の方がすごくなることもあるのでしょうか。

上田　ないですね。瞬間的に動いたことに対しても自分でわかっているはずだし、傲慢な意味ではなく、写真は、そこにあることしか写らない。だから本当に、「気づくこと」が一番大事なのかもしれません。世界は奇跡で満ち溢れていて、それに気づけるのか、気づけないのか。

松浦　些細なことでも「かなわないもの」に気づく。そのためには、自分のコンディションを整えることが必要な気がするのですが、普段の生活の中で、仕事のために何か心がけていることはありますか？

上田　よく寝ること。眠れていないとダメだなあって気がしますね。それだけかなあ（笑）。

松浦　今日、上田さんの写真を壁から外し、改めて膝の上で見たのですが、写真にとって一番「見える」見方なのかもしれない、と思いました。僕は写真が好きで色々考えますけど、まだわからないことが多い気がします。

上田　色んな写真がありますし、僕も色んな写真が撮れる可能性はあるのだけれど、ここまで来たら、最後まで自分に付き合って、次へ、次へと進むしかない。そういう意味では、あてどもなく彷徨《さまよ》うのかもしれませんが、少なくとも僕は、世界の前で、感動していたい。自分はこの世界で幸せだったと。昔、揚子江のほとりに佇み、船を見ていたことがあったのですが、自分があまりに小さく、その小さな点のような自分が嬉しかったし、そうさせてくれる世界が嬉しかった。そんなことがずっとあって『M.Ganges』も撮っているんです。

松浦　『M.Ganges』は人をテーマにしていますね。

上田　切ない。人があまりにも切ない。ガンジス川のような聖地に来ている人たちは、皆がそれぞれの幸せを願っているし、来たかった場所に辿り着けた、思いを遂げられたという幸福感に包まれた状態だと思うんですね。ぼんやりと今までのことを思ったり、これからのことを思ったり。その姿は本当に美しいし、切ない。ぼやけた写真が多いのですが、これが一番、自分の記憶に正しい状態なんだと思います。表情がはっきりと見たいわけではなく、ただその「思い」だけが写ればいいので。

松浦　まさに「心で見る」ということがどういうことかを考えさせてくれます。ガンジスで特に美しいと感じたものは、どういうものだったのでしょうか。

上田　やっぱり人の美しさですね。人が何かを全身で感じようとしていたり、受けとめようとしている姿。遥かなかなわないものに真っすぐひたむきに祈る姿をただただ美しいと感じました。ガンジス川に佇むすべての人を僕は美しいと思いました。

松浦　年齢も性別も超えて美しい。それはなぜなんだろう、どうしてなんだろう、という気持ちがドキドキにつながるし、だからこそ写真を撮りたいと思われたんでしょうね。

上田　わかったらもう魅力にならないのかもしれないですね。

松浦　先ほどおっしゃっていた「かなわない」というのも、「わからない」なのではないでしょうか。わからないし、言葉では届かない。それが美しい。

憧れのクルマにも会った。

世の中に存在すると知っているだけで、日々の活力となる物がある。ひと目でいいからそれを見てみたい。触れてみたい。

「一流」のスポーツカー、ロータス・エランに乗りたくて、京都の清水倫正さんを訪ねた。

清水さんのガレージには、

二十二歳の時に手に入れたロータス・エランと、

レストア中のロータス・ヨーロッパ、

ロータス・コーティナがあった。

「ロータス・エランは、一度、全部分解して少しずつ直しながら、組み立てていくのがベスト。できることは自分でやるんです」と清水さんは言った。

「伊丹十三の『ヨーロッパ退屈日記』を読んで、それからずっとロータス・エランに憧れているんです」と言うと、清水さんは、驚いて、

「僕も同じです。実は、伊丹さん、学校の先輩なんです」と言った。

シートに座らせてもらい、ロータス・エランのステアリングを握らせてもらった。

僕は息が止まりそうなくらいに嬉しかった。

「〝宝もの〟ですね」と言うと、

「それ以上ですね」と清水さんは微笑んだ。

今年還暦を迎える清水さんの笑顔は輝いていた。

少年の笑顔だった。

（松浦弥太郎）

Lotus Elan S4SE Coupe

イギリスのスポーツカーメーカー〈ロータス〉が、1962年から73年まで製造販売した「エラン」。69年式S4SEクーペのノーズには、黒いエンブレム（通常は黄×グリーン）があり、これはF1チーム・ロータスの伝説のドライバー、ジム・クラークが68年にサーキットで事故死したのをうけ、創始者コリン・チャップマンが死後１年間、F1から市販車まで全車種のエンブレムを黒に変更した時代のもの。このモデルに憧れ続けた清水さんは、８年落ちの不動車を手に入れ、ほぼ自力で４年かけ走行可能にし、さらに５年かけてフルレストアした。エランとは「気力、活力」の意。清水さんは京都で月１回のイベント『高雄サンデーミーティング』を主宰する。http://takaosundaymeeting.cocolog-nifty.com/blog/

インターネットがやりたい。クックパッドで。

「くらしのきほん」をスタート。

暮らしを楽しく、豊かにする知恵と学びのアーカイブ。松浦弥太郎の新しい挑戦。
https://kurashi-no-kihon.com

2015年3月31日に、暮しの手帖社を辞職し、4月1日に、クックパッドに入社した。

九年間に渡り、『暮しの手帖』編集長として、暮らしの楽しさ、大切さ、美しさを、伝えることに務めた。暮らしに役に立つ、工夫と発案を、一所懸命に発信した。たくさんの読者から励まされ、読者との絆が、雑誌作りのすべてのちからになっていた。同時に生活者にとって、今いちばん便利で、心地良く、親しみのあるメディアが何かを、いつも模索していた。紙とデジタルという垣根を超え、自分自身も一生活者となり、何がどうあったら、これからの暮らしが、もっと良い方向に変わっていくのだろうかと考え続けた。

『暮しの手帖』の仕事は、滑り出しこそ苦労したが、その後は順調だった。新しさやトレンドをコンテンツにするのではなく、みんながよく知っている身近なことを深く掘り下げる学びと発見に、一番の手応えを感じ、それを一つのスタイルにした。テーマは常に「誰でもよく知っていること」だった。

そんなふうに雑誌作りをしている中でも、心底かなわないと思った存在があった。料理レシピサイトの「クックパッド」だ。毎日これだけ多くの人々の料理を支え、優れたサービスと、役立つ知識や情報を発信しているメディアは類を見ないと思った。

かなわないくやしさから、なんとかその存在や、価値の高いサービスに勝る方法を、あらゆる方向から考えた。しかし、自分自身が使えば使うほど、知れば知るほど、世の中の暮らしを、もっと楽しく、もっと豊かにする、という「クックパッド」の本気にたじろぐ自分がいた。まいった。

かなわない。すごい。くやしい。他人にも言えぬ、そんな半分あきらめたような思いを胸に抱きながら日々を送っているなら、いっそのこと、中に飛び込めばいい、と自分の中の、もう一人の自分が、ある日言葉を発した。

離れたところから、あれこれ言うのではなく、中に入って、実際に作る人になればいい。今なぜ自分はインターネットの世界で仕事をしていないのだろう。そう思ったら、居ても立ってもいられなかった。

そんな思いでいた時、偶然の出会いと機会が重なり、クックパッドで面接を受けることになった。自分の思いの丈を夢中になって話した。

転職をする理由で、はっきりと言えたのは、「インターネットがやりたい。クックパッドで」。それが本心だった。そしてまた、50歳を目前にして抱いた、これから先、自分の経験したことがない新しいことをチャレンジしたい気持ちも強く背中を押していた。

「思い切りやってください」。その一言で僕は、周りから何を言われようとも、クックパッドで、新しい自分に生まれ変わろうと決意した。暮らしをもっと楽しくするために。

『暮しの手帖』の立て直しには、自分なりにいのちをかけたが、これからはクックパッドの仕事にいのちを注ごう。自分が持っているすべてをフルに働かせようと誓いを立てた。

入社から3ヵ月後の、7月1日に「くらしのきほん」というウェブサイトをスタートさせた。

「くらしのきほん」では、暮らしを楽しくするために、自分が絶対的に信じていることをひとつひとつ、かたちにしていこうと思った。

暮らしにおいて、すてきと感じることは、すべて基本のことだと僕は思っている。基本とは、行うたびに楽しく、行うほどに磨かれていくこと。時が過ぎても、決して古びない、ほんとうに知りたい、価値のある知恵と学びが「くらしのきほん」のコンセプトである。

そして、こうも思う。暮らしの楽しさとは、一体何だろうか。それは、料理をすることから見つかっていくと信じている。絶対にそうだ。では、人は、なぜ料理をするのだろう。その答えを、みんなが自分の言葉で語れるようになるための、きっかけになるように、「くらしのきほん」という発明で、コンテンツとサービスを届けたい。

発明といえば、僕はいつも「ボタンとボタンの穴」を思い浮かべる。これほどなんてことなく、シンプルで、無くてはとても困り、人の暮らしを変えてしまった発明はないだろう。笑われてもいい。「くらしのきほん」が、「ボタンとボタンの穴」に負けない発明になるように、日々仕事をしていきたい。そして、100年後の人々にも喜んでもらえるようにコンテンツを残していきたい。

僕のクックパッドでの仕事は、人がまだ見たことも、体験したこともない、しかも、それによって、みんなが笑顔になる発明をすることだ。日々の暮らしを、エイヤッではなく、さらっと良い方向に変えてしまうような発明をし、身近な存在にしていくことだ。だから、早く仲間に追いつくためにしっかり勉強もしていく。日々楽しくて仕方がない。まずは毎日料理。本番はこれからだ。

あとがき

真面目になるな。遊び心を大切に。真剣に遊べ。H.ウェグナーの言葉は身にしみる。

人は誰しも
自分を助けてくれるものを探し
自分を助けてくれるものを求め
自分を助けてくれる美しさに感動し
自分を助けてくれる価値に代償を払い
自分を助けてくれるものに涙し
自分を助けてくれるものを愛する
人は誰しも
助けを待っている
いつも

一流品カタログは
僕を
助けてくれるもの
助けてくれたもの
その物語をまとめた一冊です

――松浦弥太郎

松浦弥太郎の「男の一流品カタログ」

2015年8月17日 第1刷発行

著者　松浦弥太郎

発行人　石崎 孟

編集人　西田善太

発行所　株式会社マガジンハウス

〒104-8003

東京都中央区銀座3-13-10

受注センター☎049-275-1811

ブルータス編集部☎03-3545-7170

印刷・製本　凸版印刷株式会社

編集　矢作雄介(BRUTUS)

デザイン　Cap

写真／平野太呂(p.4、14、17、98-113)、永禮賢(p.7、21、23-32、34-43、46-58、60-64、66-69、78、114)、松本昇大(p.70-77、97)　文／岡野民(p.100-103、108-109)、奥田香里(p.104-107)　編集／ミトミアキオ、輪湖雅江(p.21-69、92-95)　校正／阿部進

ISBN978-4-8387-2784-1　C0095